혼자여서 더 좋은 여행

혼자여서 더 좋은 여행

지은이 구지선
펴낸이 안용백
펴낸곳 (주)넥서스

초판 1쇄 발행 2010년 9월 30일
초판 5쇄 발행 2012년 1월 20일

2판 1쇄 발행 2013년 3월 30일
2판 2쇄 발행 2013년 6월 10일

출판신고 1992년 4월 3일 제311-2002-2호
121-840 서울시 마포구 서교동 394-2
Tel (02)330-5500 Fax (02)330-5555

ISBN 978-89-6790-244-5 13980

저자와 출판사의 허락 없이 내용의 일부를
인용하거나 발췌하는 것을 금합니다.
저자와의 협의에 따라서 인지는 붙이지 않습니다.

가격은 뒤표지에 있습니다.
잘못 만들어진 책은 구입처에서 바꾸어 드립니다.

본 책은 『나홀로 여행』의 개정판입니다.

www.nexusbook.com
넥서스BOOKS는 (주)넥서스의 실용 브랜드입니다.

일생의 버킷리스트 No.1 혼자 훌쩍 여행 떠나기

혼자여서 더 좋은 여행

| 구지선 지음 |

넥서스BOOKS

여는 글

이곳에서의 생활은 조금은 슬프고,
대체로 평화롭지만 불행하다.

　에쿠니 가오리는 자신의 수필집 〈당신의 주말은 몇 개입니까〉에서 결혼 생활에 대해 이렇게 적었다.
　아직 결혼하지 않은 나는 솔로 생활에 대해 이렇게 말하고 싶다.
　"이곳에서의 생활은 조금은 지루하고, 대체로 편안하지만 불안하다."
　사람은 어떤 환경에 있든 외로움과 싸우며 지낸다. 외로움이란 어쩌면 평생을 짊어지고 가야 할 짐이 아닐까 싶다. 이 짐을 다른 사람에게 주고 싶지는 않았다. 슬픔은 나누면 반이 되는 것이 아니라 배가 된다는 것을 살면서 알았기 때문이다. 그래서 나 홀로 여행을 계획했다.
　혼자 다니며 나 자신을 돌아보고 싶었고 또 무엇보다 혼자서도 행복하게 지내는 법을 배우고 싶었다. 혼자 식당에 들어가는 것을 배우고, 혼자 길을 찾는 법을 배우고, 혼자 여유를 즐기는 법을 배우면서 나는 조금씩 변해갔다. 나는 점차 밝아지고 있었다. 남이 아닌 나를 통해서 행복과 재미를 찾는 법을 배울수록 나는 그렇게 더 긍정적으로 변해갔다.

생텍쥐페리는 말했다. "슬픈 자는 타인을 슬프게 한다."

자신은 물론 타인까지 행복하게 만들고 싶다면 내가 먼저 행복해져야 한다. 그리고 그 행복은 타인에게 의지하면 안 된다. 그들에게도 혼자 견뎌내고 감당해야 하는 외로움과 고독이 있으니 말이다.

나 홀로 여행은 뜻밖에 많은 선물을 안겨주었다. 홀로 여행하면서 외로움은 물론 타인의 시선과도 싸워야 했지만, 나는 용기와 삶에 대한 다양한 시각을 얻었다. 나 홀로 여행 중 내 생활은 조금은 조용하지만, 대체로 자유롭고 행복했다.

늘 행복한 집필 기회를 주시는 도서출판 넥서스 관계자분들과, 예쁜 책을 다듬어 주시느라 수고해 주신 박정아 님께 진심으로 고마운 마음을 전한다. 그리고 나에게 언제나 따뜻한 온기를 느끼게 해주는 가족들에게도 감사의 인사를 드린다.

구지선

contents

005   여는 글

Part 1_ 혼자 느끼는 아름다움

014   **001**   하루 만에 즐기는 세계 여행 아인스월드
024   **002**   복합 예술 공간으로 변신한 예술가의 거리 리움미술관
032   **003**   개성 넘치는 문화 공간 장흥아트파크
038   **004**   중남미의 문화와 예술이 있는 곳 중남미문화원
046   **005**   아름다운 유럽풍 목장 원당종마목장
052   **006**   중국인들이 만든 중국 전통 정원 월화원
060   **007**   사연도 모양도 아름다운 묘지 양화진 외국인선교사묘원
066   **008**   나 홀로 즐기기 좋은 동물원 옆 미술관 국립현대미술관
072   **009**   보석 같은 미술관 모란미술관
080   **010**   도시인들을 위한 휴식 같은 문화 공간 서울시립미술관 남서울분관
086   **011**   한국 최초의 사립 미술관 호암미술관
094   **012**   미술과 음악이 함께 하는 공간 신라호텔 조각공원길

Part 2_ 혼자 걸어도 아늑한 산책길

106	**001**	아름다운 자연 속 고대 백제 유적지	몽촌토성길
114	**002**	깨끗하고 아름다운 서울의 명소	남산 산책 코스
120	**003**	혼자 걸어도 멋진 자연호수 공원	율동공원
126	**004**	행복지수가 올라가는 쉼터	물향기수목원
132	**005**	피로 해소 같은 산책길	아차산생태공원
142	**006**	600년 역사가 숨쉬는 공원	낙산공원길
151	**007**	커피향 가득한 동네	부암동
158	**008**	조용하고 이국적인 산책길	서래마을, 서래 올레길
166	**009**	녹색 세상에서 보낸 멋진 하루	서울숲
174	**010**	서울에서 누리는 혼자만의 시간	양재천

Part 3_ 혼자 떠나는 시간 여행

186	**001** 가장 한국적인 풍경을 간직한 마을 외암리민속마을
196	**002** 한국 최대의 도자기 마을 이천 도예촌
204	**003** 한국에서 가장 큰 고인돌 밀집 지역 고인돌마을
212	**004** 해학과 여유가 있는 마을 낙안읍성민속마을
218	**005** 영국 여왕도 반한 전통 한옥 마을 안동하회마을
228	**006** 모두에게 만족을 주는 전통 체험 공간 한국민속촌
236	**007** 모던보이, 모던걸이 사랑한 길 서촌길
244	**008** 6,000년 전으로 떠나는 시간 여행 암사동유적지
250	**009** 조선 왕조가 만든 길을 걷다 장충동 성곽길
256	**010** 좀 더 강한 내가 되는 방법 전쟁기념관

Part 4_ 혼자 구하는 깨달음, 나에게 주는 휴식

266	**001** 인류 최대의 기록물을 간직한 사찰 해인사
274	**002** 법정 스님의 마지막을 함께한 송광사
282	**003** 선덕여왕 재위 중에 창건된 사찰 통도사
290	**004** 음식 맛과 경치가 뛰어난 동네 봉평장터
296	**005** 잘 비벼진 비빔밥 같은 동네 전주한옥마을
304	**006** 혼자 먹고 보고 쇼핑하기 좋은 골목 부산 남포동

Part 5_ 혼자 걸어도 멋진 산길

- 314 **001** 위대한 자연을 만나는 자연 생태계의 보루 계룡산
- 324 **002** 가장 많은 사람들이 찾는 국립공원 북한산
- 332 **003** 도시인이 즐겨 찾는 도심 속 쉼터 관악산
- 341 **004** 나 홀로 걷기 좋은 산길 도봉산
- 348 **005** 수려한 경치를 지닌 서울의 명산 인왕산

Part 6_ 혼자 가도 재미있는 재래시장

- 360 **001** 외국인들에게도 인기 있는 재래시장 부산 자갈치시장
- 368 **002** 한국을 대표하는 전통 종합 시장 서울 남대문시장
- 374 **003** 멋스러운 항구, 아름다운 마을 속초 중앙시장
- 382 **004** 전통 건축물을 따라 걷는 역사 체험 수원 팔달문시장

혼자 느끼는 **아름다움**

Part 1

아인스월드 | 리움미술관 | 장흥아트파크 | 중남미문화원 | 원당종마목장 | 월화원 | 양화진외국인선교사묘원 |
국립현대미술관 | 모란미술관 | 서울시립미술관 남서울분관 | 호암미술관 | 신라호텔 조각공원길

| LANDSCAPE | WALK | TRADITION | REST | MOUNTAIN | MARKET |

001

세계 여행 하루 만에 즐기는

아인스월드

아인스월드 여행은 다른 여행지와는 달리 읽는 여행이 추가된다. 보고, 느끼고, 읽어야 아인스월드를 제대로 본 것이다. 각 나라를 대표하는 건축물 모형 앞에는 역사, 시대적 배경, 문화적 가치 등을 자세하게 소개한 안내판이 있으니 꼼꼼하게 읽도록 하자. 아인스월드는 읽는 만큼 보이기 때문이다.

● 전설적인 복싱 선수 무하마드 알리가 비행기를 탔을 때의 일화다. 안전벨트를 매라고 요구하는 스튜어디스에게 알리는 자신감 있게 말했다. "슈퍼맨은 좌석 벨트 따위를 매지 않아도 돼요!" 그런데 알리는 스튜어디스의 재치 있는 한마디에 조용히 좌석 벨트를 맸다. 그 말은 이랬다. "슈퍼맨은 비행기를 탈 필요가 없지요." 이 같은 재치 있는 한마디는 세상을 바꾸고 불행을 행복으로 바꾸기도 한다. 유쾌한 혼자 놀기를 위해 떠난 아인스월드는 단순한 테마파크가 아니라 재치 있는 발상이 가득한 곳이었다.

Info.

주소 경기도 부천시 원미구 도약로 1
전화 032-320-6000
시간 (3~4월) 10:00 ~ 19:00 / (5~11월) 10:00 ~ 20:00
(12~2월) 10:00 ~ 18:00
요금 (미니어처 테마파크)
대인 10,000원 / 소인 8,000원
교통 **승용차** 경인고속도로→ 서운 J.C → 서울외곽순환도로
(판교 방향) → 중동 I.C → 아인스월드
대중교통 지하철 7호선 삼산체육관 5번 출구에서
200m 직진 후, 우측에 한국만화박물관을 끼고 500m
계속 직진.
※ 버스 승차 시 아인스월드행이 맞는지 꼭 물어보고 탈 것
홈페이지 www.aiinsworld.com

에펠탑 미니어처. 실제 탑은 프랑스 파리
샹 드 막스 공원에 있다.

타워 브리지 미니어처, 화려한 빅토리아풍과 고딕풍이 합쳐져 세련된 멋이 느껴진다.

아이디어 하나가 만든 세상

● 아인스월드는 유네스코가 지정한 34점의 문화유산과 유네스코 10대 문화유산 등 세계 25개국의 유명 건축물 109점을 미니어처로 만들어 소개한 테마파크다. 세계 유명 건축물을 한곳에서 볼 수 있고 건축물의 역사적 배경과 문화적 가치까지 배울 수 있어서 마치 하루 동안 세계 여행을 하는 듯하다. 그래서 내국인은 물론 외국인들에게도 많은 사랑을 받고 있다.

아인스월드에 있는 미니어처들은 그 모양이 정교하여 마치 현지에 와 있는 듯한 기분이 든다. 영국 존, 프랑스 존, 유럽 존, 러시아 존, 아프리카 존, 서아시아 존, 라틴아메리카 존, 오세아니아 존, 미국 존, 아시아 존, 한국 존, 전설 속의 대륙 존 등 대륙별로 구성된 각각의 코스에는 각 나라를 대표하는 건축물들이 전시되어 있다.

완공 이후 100년 이상 단 한 번도 고장이 나지 않은 것으로 유명한 영국 런던 템스 강의 명물인 타워 브리지(Tower Bridge)를 시작으로 아인스월드에서의 세계 여행은 시작된다. 이 다리는 17세기 이후에 영국의 힘이 절정에 이르렀던 빅토리아 여왕 때 건립된 것으로 빅토리아풍과 고딕풍이 조화를 이뤄 세련된 멋을 풍긴다. 총 길이는 270m, 무게는 1,100t에 달하며 탑 내부는 박물관으로 사용되고 있다.

고딕 양식으로 지어진 프랑스의 대표적인 건축물 중 하나인 노트르담 대성당(Notre Dame Basilica) 미니어처도 눈길을 끌었다. 프랑스에서

노트르담 대성당 미니어처.
실제 대성당은 건축하는 데 170년이나 걸렸다.

01 스페인 바르셀로나에 있는 사그라다 파밀리아(Sagrada Familia) 성당 미니어처. 실제 건축물은 안토니 가우디가 설계했다. **02** 영국 국회의사당 미니어처 **03** 1981년 유네스코 세계문화유산으로 지정된 프랑스의 퐁텐블로 궁전(Palace and Park of Fountainebleau) 미니어처 **04** 미국 국회의사당 미니어처

04

1163년 공사가 시작되어 170년이라는 오랜 시간 끝에 완공되었다. 빅토르 위고의 소설 〈노트르담의 꼽추〉의 배경으로도 유명하며, 총 387개의 계단을 올라가면 센 강과 파리의 풍경을 감상할 수 있다. 성당 내부는 9천 명을 수용할 수 있을 만큼 넓고, 건물의 외관은 고딕 양식이다.

유럽 존에 가면 로마를 대표하는 관광지로 손꼽히는 콜로세움(Colosseum) 미니어처도 볼 수 있다. 서기 80년, 티투스 황제 집권 시기에 완공된 것으로 원래 이름은 플라비우스(Flavius) 원형극장이다. 검투사들의 시합과 맹수들의 싸움이 열렸던 곳으로 '콜로세움이 멸망할 때 로마도 멸망할 것'이라는 말이 있을 정도로 콜로세움은 당시 로마인들에게 건물 그 이상의 의미였다.

아시아 존에는 구마모토 성(熊本城) 미니어처가 있다. 구마모토 성은 일본 구마모토 현에 있는 성으로 히메지 성, 오사카 성과 더불어 일본의 3대 성으로 꼽힌다. 자연 지형을 잘 이용해 축조한 돌성으로 성주의 권력을 상징하는 2개의 천수각과 49개의 성루(城樓)가 있다. 우아한 곡선의 돌선과 자연 지형적 특성을 잘 살려 지은 아름다운 성으로 평가받고 있다.

구마모토 성 미니어처. 구마모토 성은 히메지 오사카 성과 함께 일본 3대 성으로 불린다.

아인스월드를 방문한 많은 관람객은 킬리만자로 산(Kilimanjaro Mt.) 미니어처에서 사진을 많이 찍는다. 각도만 잘 조절하면 진짜 킬리만자로 산에 온 것 같은 분위기를 풍기기 때문이다. 아프리카 탄자니아에 있는 킬리만자로 산은 아프리카 최고봉(5895m)이면서 세계 최고의 휴화

01 이탈리아 로마에 있는 투기장, 콜로세움 미니어처 02 아프리카 최고봉이면서 세계 최고의 휴화산, 킬리만자로 산 미니어처

01 롱먼 석굴 미니어처 02 아부심벨 대신전 미니어처 03 러시모어 산 미니어처 04 핫셉수트 여왕 신전 05 아틀란티스 미니어처

산이다. 산 정상에 항상 만년설이 있어 '빛나는 산', '하얀 산'으로도 불리는데 고원지대는 연평균 20℃ 안팎 기온을 유지하고 있어 '기후의 천국'으로도 불린다. 1889년 독일인 한스 마이어가 최초로 킬리만자로 산의 주봉우리인 키보봉(Kibo) 등정에 성공했다.

느리게 걸어야 자세히 볼 수 있는 곳

● 아이스월드를 제대로 즐기는 방법은 딱 하나이다. 바로 느리게 걷는 것이다. 하루 만에 전 세계를 봐야 한다는 부담감 때문에 처음부터 속도를 냈다간 많은 것을 놓친다. 건축물 앞에 있는 설명을 읽으며 천천히 둘러보면 캄보디아의 영원한 등불로 불리는 앙코르와트(Angkor Wat)의 정교한 예술도 알 수 있고, 유네스코가 지정한 일본 최초의 세계문화유산인 히메지 성(Himeji-jo)을 통해 목조 건축의 예술성도 느낄 수 있다. 대서양 지브롤터 서쪽에 존재했다고 전해지는 전설 속의 섬 아틀란티스(Atlantis)도 발견할 수 있다.

스코틀랜드 속담에 이런 말이 있다. "살아 있는 동안 행복해라. 왜냐하면, 당신은 오랜 시간을 죽은 채 누워 있어야 하기 때문이다." 사람들은 돈, 시간, 친구가 있어야 여행을 갈 수 있다고 생각하는데, 이는 재미없는 편견이다. 돈, 시간, 친구가 없어도 25개국을 충분히 여행할 수 있고 생각만 바꾸면 혼자서도 충분히 세계 여행을 다녀온 기분을 낼 수 있다.

추천 맛집

푸드코트
아이스월드 내에는 푸드코트가 있다. 커피와 아이스크림, 돈가스, 우동 등을 판매하고 있는데 식당 내부가 넓어서 쾌적하게 식사를 즐길 수 있다. 아이스월드는 야외에도 스낵코너 시설이 있다.
위치 경기도 부천시 원미구 도약로 1

| LANDSCAPE | WALK | TRADITION | REST | MOUNTAIN | MARKET |

002

복합 예술 공간으로 **변신한 예술가의 거리**

리움미술관

고미술과 현대미술 소장품을 중심으로 진행되는 무료로 듣는 전문가의 설명을 놓치지 말자. 하루 두 차례(10:30~12:00, 13:30~15:00) 진행되는데, 설명이 재미있고 작품을 이해하는 데 필요한 기본 상식을 알 수 있어 유익하다. 안내가 진행되기 전 안내 방송을 한다.

● 요즘은 지하철 6호선 한강진역부터 이태원역까지의 거리를 제2의 가로수길이라고 말한다. 하지만 제2의 가로수길은 신사동 가로수길과는 엄연히 다르다. 일단 제2의 가로수길에는 외국인들이 많고 예술가들의 작업실도 있다.

제2의 가로수길이 소위 뜨는 거리로 주목을 받게 된 중심에는 리움미술관이 있다. 리움미술관 주변은 원래 주택가였다. 하지만 리움미술관이 들어선 이후 세계적인 패션 트렌드를 주도하고 있는 '꼼데가르송(Comme des Garcons)'의 복합 문화 공간과 유명 예술가들의 작업실도 들어섰다. 이들은 젊은이들과 예술가들을 거리로 불러들였다.

흙을 불에 구워 만든 외벽의 테라코타. 벽돌은 한국의 도자기를 상징한다.

Info.

주소 서울 용산구 한남2동 747-18
전화 02-2014-6900
시간 10:30 ~ 18:00 / **휴관** 매주 월요일, 1월 1일, 명절
요금 성인 10,000원, 청소년 6,000원
교통 승용차 이태원 → 지하철 한강진역 1번 출구 근처에서 미술관 이정표 확인 → 미술관 진입
대중교통 지하철 6호선 한강진역 1번 출구에서 이태원 방향으로 100m 이동 후, 오른쪽 첫 번째 골목에서 우회전하여 언덕길로 5분 정도 올라간다.
홈페이지 leeum.samsungfoundation.org

1층에서 본 로툰다. 로툰다는 원형 또는 타원형 평면 위에 돔 지붕을 올린 건물 혹은 내부 공간을 말한다.

고대 로마 건축에서 볼 수 있는 로툰다를 만나다

01 리움미술관의 로비
02 층과 층을 연결하는 계단

● 리움미술관에 간 날은 운수 좋은 날이었다. 미술관에 도착하니 마침 하루에 두 번 있는 미술관 안내가 시작되었다. 큐레이터의 설명은 로툰다부터 시작되었다. 로비에서도 일정한 곳에 서야 제대로 보이는 로툰다는 그녀의 안내가 아니었다면 모르고 지나쳤을 것이다. 로툰다는 고전 건축에서 원형 또는 타원형 평면 위에 돔 지붕을 올린 건물 또는 내부 공간을 말한다.

리움미술관에 들어와 전시관으로 들어가려면 이 로툰다를 거쳐야 하는데 계단으로 올라가면서 보는 것보다 1층에서 봐야 제대로 보인다. 리움미술관의 로툰다는 층과 층을 연결하는 계단 통로로서의 역할은 물론 창문 역할도 하고 있다. 고미술과 현대미술 소장품을 중심으로 진행되는 미술관 안내는 미술을 이해하는 데 큰 도움을 주었다. 두 시간 가까이 걸리는 코스였지만 설명이 재미있어 전혀 지루하지 않았다.

큐레이터의 설명을 들은 후 나는 다시 미술관을 돌았다. 리움미술관은 일단 규모가 크다. 총 세 개의 건물로 이루어져 있는데 '뮤지엄 1'은 스위스의 건축가 마리오 보타가 한국 전통 도자기에서 영감을 얻어 설계하였고, '뮤지엄 2'는 프랑스의 건축가 장 누벨이 녹슨 스테인리스와 유리로 첨단성을 표현했다.

그리고 또 하나의 건물은 세계 최초로 블랙 콘크리트를 건축 자재로

절제된 디자인이 인상적인 리움미술관 입구

야외 전시장에 있는 루이스 부르주아 작품 「마망」

사용하여 공중에 떠 있는 듯한 미래 공간으로 구현하였는데, 네덜란드의 건축가 렘 콜하스가 설계하였다.

사람을
행복하게 만드는 상상력

● 　　　　　　혼자서 미술관을 돌아보다가 무심코 들어간 화장실에서 웃음을 터트리고 말았다. 리움미술관의 화장실은 또 하나의 작품이었다. 이색적인 변기와 실내 장식은 이곳을 찾은 사람들에게 리움미술관을 특별하게 기억하게 한다. 수세식 변기는 약 4,000년 전에 만들어졌지만 역사에 비해 큰 변화가 없었다. 하지만 리움미술관의 상상력은 이런 역사에 새로운 아이디어를 부여했고, 고정 관념에서 자유로운 화장실은 나 홀로 여행객에게도 즐거움을 선사한다.

　하루 동안 보고, 느끼고, 먹을 수 있는 코스를 찾는다면 리움미술관으로 가자. 한강진역에서 가까운 리움미술관을 시작으로 이태원역까지 걸어가면 실험적이고 이국적인 볼거리가 가득하다. 서두르거나 다른 사람의 눈치를 볼 필요가 없다. 나 홀로 걷다 보면 길이 모든 것을 안내해준다.

　나 홀로 여행이 외롭다는 것은 고정 관념인지 모른다. 고정 관념은 사람을 불편하게 만들고 불행하게 만든다. 인류의 발전은 늘 고정 관념을 버리고, 깨고, 바꾸는 것에서 출발했다.

추천 맛집

미스터 케밥(Mr. Kebab)
리움미술관에서 10분 정도 걸어가면 터키식 케밥을 판매하는 미스터 케밥이 있다. 터키 케밥, 줌보 케밥, 이스켄데르 케밥, 필리프 케밥 등을 판매하며 가격은 4,000원대부터 시작한다. 음료 또한 1,000~2,000원대로 비교적 저렴한 편이다. 나 홀로 식사를 즐기는 외국인들도 있어 다른 사람의 시선을 의식하지 않고 식사할 수 있다.
위치 지하철 6호선 이태원역 3번 출구에서 도보 2분
주소 서울 용산구 이태원로 192
전화 070-7758-1997
홈페이지 www.mrkebab.co.kr

01

02

03

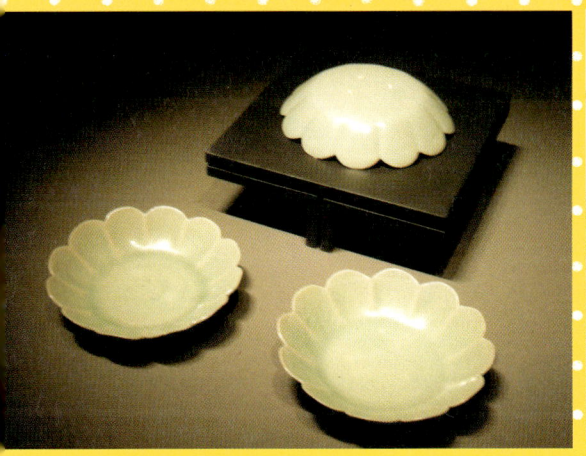

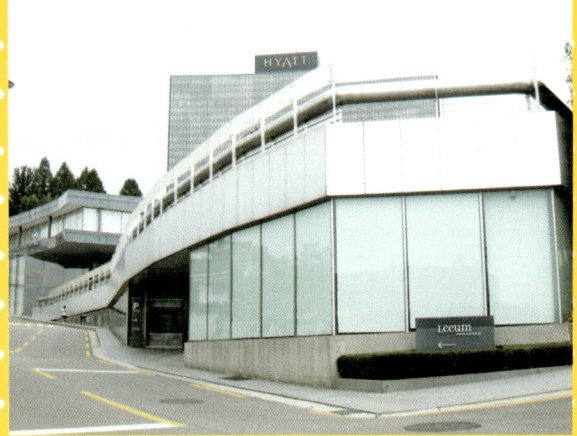

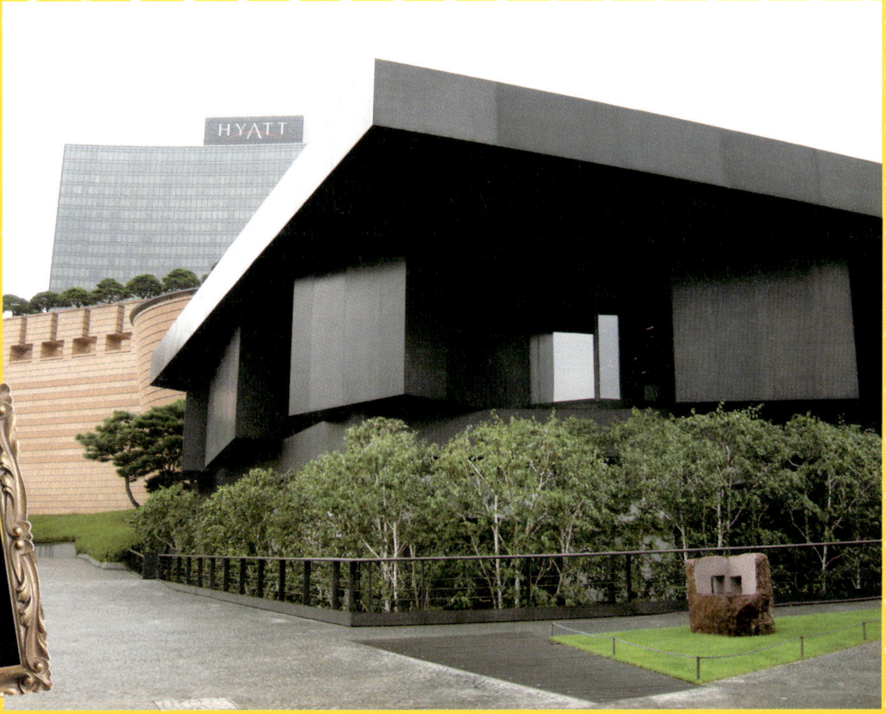

04

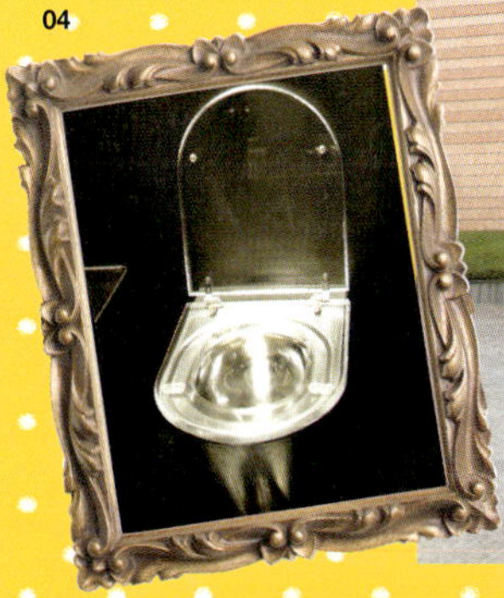

01 고미술 상설 전시관. 선사 시대부터 조선 시대까지 한국 전통 미술 작품을 감상할 수 있다. 02 건축가 렘 쿨하스가 설계한 아동 문화센터 03 뮤지엄 2. 건축가 장 누벨의 작품. 현대미술을 상징적으로 보여준다. 04 리움 미술관 내에 있는 화장실

| LANDSCAPE | WALK | TRADITION | REST | MOUNTAIN | MARKET |

003

문화 공간 개성 넘치는

장흥아트파크

버스 정류장에서 내려 장흥아트파크까지 가려면 조금 걸어야 한다. 장흥 농협 앞에서 내린 후 길을 건너 장흥 면사무소 쪽으로 10분 정도 걸어가면 되는데, 이정표가 있어 찾기 쉽다.

● 　　　　　　성공으로 가는 지름길이 있다. 자신이 제일 잘하는 것을 찾아 그걸 하면 된다. 그런데 우리는 사회적으로 무난한 직업을 골라 그 일에 종사하며 그것을 잘하기 위해 살아간다. 그래서 삶이 힘겹게 느껴진다.

　한국 사람들은 개성을 드러내는 것을 두려워한다. 사회적인 틀을 정해 놓고 모두가 그 틀을 바라보며 달린다. 비슷한 자격 조건을 쌓고 비슷한 과정을 통과한다. 다른 사람들과 비슷하게 걸어가면서 안도감마저 느낀다. 하지만 꼭 그래야만 하는 걸까.

Info.

주소 경기도 양주시 장흥면 권율로 117
전화 031-877-0500
시간 주중 10:00 ~ 18:00 / 주말 10:00 ~ 19:00(동절기 오후 6시) / 휴관 매주 월요일(공휴일 제외)
요금 대인 7,000원 / 청소년(학생증 제시) 6,000원 / 소인 5,000원 / 24개월 미만, 65세 이상 무료 입장
교통 승용차 서울 구파발 삼거리에서 북한산성 방면으로 우회전 후 371번 지방 도로 이용 → 10km쯤 더 가면 고가 도로(39번 국도) 진입 → 농협 앞으로 유턴하여 장흥아트파크 진입
대중교통 ❶ 지하철 3호선 구파발역 1번 출구에서 350, 15, 15-1번 버스 이용 → 장흥아트파크 하차
❷ 서부 시외버스 터미널에서 360번 버스 이용(30~35분 소요) → 장흥 농협 앞 하차. 도보 10분

홈페이지 www.artpark.co.kr

블루 스페이스. 세계적인 건축가 우치다 시게루의 작품으로 이곳에서 국내외 유명 작가의 작품을 전시한다.

개성 넘치는 미술 작품을 감상하는 데 특별한 관람 순서나 원칙은 없다. 정답 또한 없다. 혼자 보고 즐기고 자유롭게 생각하면 된다.

행복은 모양도 색도 다르다

● 나 홀로 여행하는 것도 그렇다. 그게 자신의 성격에 맞고, 처한 상황에 어울리면 혼자 다니면 된다. 그런데 사회 분위기 탓에 나 홀로 여행자는 위축되곤 한다. 외국에서 오래 살다 온 선배에게 한국에 와서 가장 불편한 것이 무엇이냐고 물었다. "혼자 밥 먹고, 혼자 쇼핑하는 걸 불쌍하게 보는 사람들의 시선!" 그녀의 대답에 나는 동감한다. 이는 한국에서만 살아온 사람도 불편하게 느끼는 것 중 하나다. 다행히 나 홀로 가구가 늘어나면서 사회 분위기가 바뀌고 있고, 요즘 젊은이들은 혼자 있는 것을 외로움이라고 여기지 않는다.

나 홀로 시간을 갖고 싶어 찾아간 장흥아트파크는 개성을 존중해 주는 분위기였다. 빨간색, 노란색, 파란색으로 만든 개성 넘치는 미술관 건물을 감상하는 데도 특별한 관람 순서나 원칙이 없다. 답을 요구하며 질문을 던지는 사람 또한 없다. 혼자 보고 즐기는 것에 익숙한 이들에게 더없이 좋은 환경이다.

작품 감상과 차 한 잔이 주는 행복

● 원래 장흥아트파크는 '토털미술관'이라는 이름으로 1984년에 설립된 국내 최초의 사립 미술관이다. 그러나 최근

01 야외 조각공원에 가면 개성 있는 작품을 볼 수 있다. **02** 어린이 체험관 **03** 야외 조각공원에 있는 벤치. 혼자서도 아늑하게 쉴 수 있다.

'문화 체험 공간'의 확립을 목표로 3년간의 리모델링을 거쳐 2006년 새로 문을 열었다. 그래서 지금도 미술관을 중심으로 다양한 문화를 체험할 수 있는 공간으로 구성되어 있다. 단순히 작품을 관람하는 것에 그치지 않고, 전시와 체험이 어우러진 프로그램을 통해 직접 참여하며 소통할 수 있다.

장흥아트파크의 건물은 세계적인 건축가이자 산업 디자이너인 우치다 시게루, 반 시게루, 장 미셸 빌모트가 합작해서 설계했다. 이곳에 전시된 작품들 또한 세계적인 작가들의 작품이다. 상설 전시를 통해 앤디 워홀, 리히텐슈타인, 백남준 등 국내외 거장의 작품을 언제라도 감상할 수 있다.

장흥아트파크는 미술관도 이색적이지만 조각 공원 또한 기억에 남을 정도로 아름답다. 부르델, 아르망, 조지 시갈 등 고전과 현대를 대표하는 작가들의 작품과 강대철, 문신 등 국내 작가들의 작품 등이 전시되어 있어 다채로운 볼거리를 제공한다.

하루 동안 둘러본 장흥아트파크는 마치 나만의 숨은 예술 세상 같았다. 혼자서 곳곳에 전시된 작품을 보고, 체험하고 느끼며 여유로운 시간을 보낼 수 있었다.

사람은 모두 다르다. 개인 플레이를 편하게 느끼는 사람도 있고 다 함께 어울리는 것을 편하게 느끼는 사람도 있다. 중요한 것은 상대방의 개성을 있는 그대로 받아들이려는 자세이다.

추천 맛집

장흥아트파크 카페
장흥아트파크 내에 있는 레스토랑과 카페에서 케이크, 머핀, 쿠키, 커피, 녹차, 우유 등을 부담 없는 가격에 판매하고 있다.
야외 공원 곳곳에는 편히 쉴 수 있는 벤치가 있어 김밥이나 샌드위치 등 도시락을 싸와서 먹는 것도 좋다.

01 전시 기능과 교육 기능을 담당하는 어린이 체험관 02 입구에서 본 장흥아트파크 03 블루 스페이스 내부 04 어린이의 눈높이에 맞춰 꾸며 놓은 어린이 체험관 내부 05 야외 전시장

| LANDSCAPE | WALK | TRADITION | REST | MOUNTAIN | MARKET |

004

예술이 있는 곳 중남미의 문화와

중남미문화원

중남미문화원에 갈 때는 한 권의 책을 준비하자. 곳곳에 멋스러운 벤치도 있고 문화원 전체에 잔잔한 음악이 흘러 독서하기에 좋다. 커피를 담아가는 것도 추천한다. 이국적인 벤치에 앉아 차 한 잔의 여유를 누려보는 것도 색다른 경험이 될 것이다.

● "혼자 다니면 분명히 외로울 거야", "사람들이 이상하게 볼 거야", "무서울지도 몰라……." 혼자 떠나지 못하는 사람들의 생각이다. 하지만 혼자 여행을 다니다 보면 생각보다 외롭지 않고, 이상한 시선으로 쳐다보는 사람도 없으며, 무섭지도 않다는 것을 알게 된다. 우리는 일어나지도 않은 일에 대해 너무 많은 걱정과 상상을 하며 스트레스를 받고 있다. 중남미문화원은 한적하고 아름다운 곳으로 다른 사람의 시선을 의식하지 않고 혼자서 하루를 보내기에 좋은 장소다.

조각공원 입구. 문화원 전체에 은은한 음악이 흘러 산책할 때 운치를 더해 준다.

Info.

주소 경기도 고양시 덕양구 대양로 285번길 33-15
전화 031-962-7171
시간 10:00 ~ 17:00(11~3월) / 10:00 ~ 18:00(4~10월) / 폐장 1시간 전까지 입장 가능
요금 대인 5,500원 / 청소년 4,500원 / 12세 이하 3,500원
교통 승용차 ❶ 강변북로 → 자유로 → 서울외곽순환도로(의정부, 일산 방향 약 10km 직진) → 통일로 나들목 → 문산 방향 2km → 필리핀참전기념비 앞 신호에서 우회전 65번 국도 2km → 문화원 표지판 확인 후 좌회전 → 문화원 입구
❷ 1번 국도 (통일로) → 벽제 장묘사업소 → 필리핀참전기념비 앞 신호에서 우회전 65번 국도 2km → 문화원 표지판 확인 후 좌회전 → 문화원 입구
대중교통 지하철 3호선 삼송역 8번 출구 → 053번 마을버스 승차 또는 통일로 방면에서 333, 330, 703번 승차
홈페이지 www.latina.or.kr

음악과 함께하는 작품 감상

중남미문화원 곳곳에 놓인 이국적인 벤치.

● 경기도 고양시에 있는 중남미문화원은 30년 동안 멕시코, 아르헨티나 등 중남미 지역에서 외교관 생활을 한 이복형 원장 부부가 중남미 지역의 풍물을 모아 만들었다. 어느 부잣집의 단아한 정원 같은 느낌이 드는 곳으로 박물관, 미술관, 조각 공원 등으로 아기자기하게 꾸며져 있다. 문화원 전체에 은은한 음악이 흘러 산책하는 데도 운치를 더해 준다. 특히 박물관은 국내 유일의 중남미 관련 박물관으로, 중남미의 대표적 문화인 마야, 잉카, 아즈테카 유물 등을 전시하고 있다.

박물관 내에 있는 가면 전시실에는 동물, 천사, 나비, 신 등을 표현한 여러 가지 모양의 가면이 전시되어 있어 방문객들이 많이 찾는다. 수많은 가면 중 현실 탈피의 수단으로 사용되는 멕시코인들의 가면이 눈길을 사로잡았다. 멕시코의 토토나카 원주민들은 가면으로 얼굴을 덮음으로써 잠시 자신의 정체와 영혼으로부터 해방되어 새로운 영혼과 만나게 된다고 믿었다고 한다.

미술관에는 중남미를 대표하는 작가들의 작품이 전시되어 있고, 중남미 관련 액세서리와 상품 등을 판매하는 기념품 숍도 있어 작품 감상도 하고 쇼핑도 즐길 수 있다. 미술관 뒤쪽에 있는 비밀스러운 느낌의 정원에는 중남미 12개국 조각가들의 작품이 전시되어 있어 산책하면서 작품을 감상할 수 있다.

01 조각 공원. 산책로, 휴식 공간이 곳곳에 있다. **02, 03, 04** 중남미를 대표하는 작가들의 그림과 다양한 조각 작품들이 전시되어 있다.

조경이 아름다운 박물관 뒤편

입구에서 본 이국적인 분위기의 중남미문화원. 공원 곳곳에 운치 있는 벤치가 놓여 있다.

혼자 느끼는 아름다움 043

앞서 중남미문화원을 개인 정원 같다고 표현했는데 그 이유는 다름 아닌 세심하고, 정성 어린 손길에 있다. 산책 코스는 물론 정원 곳곳의 화단과 화장실 등 사람의 눈길이 잘 닿지 않는 곳까지 깨끗하게 조성되어 세심하게 신경쓴 흔적을 느낄 수 있다.

중남미문화원은 미술관과 박물관도 훌륭하지만, 조각 공원도 볼만하다. 조각 공원은 휴식 공간으로서의 역할도 하는데 산책을 하기에 좋으며 곳곳에 벤치가 비치되어 있어 쉬어 가기에도 좋다.

중남미문화원 조각 공원에 울려 퍼지는 잔잔한 음악과 잘 다듬어진 아름다운 자연 공간은 이곳을 찾은 사람들에게 한껏 여유로움을 느끼게 한다. 시간이 된다면 책 한 권을 들고 와 독서를 해도 좋을 듯하다.

인간 본성을 표현한 중남미 문화

● 　　　　　중남미문화원에는 잉카 문명, 아즈테카 문명, 마야 문명으로 세계 인류 문화에 찬란한 꽃을 피운 중남미의 문화가 살아 숨 쉬고 있다. 전시된 수백 점의 작품은 낯설지만 무척 흥미롭게 다가온다.

중남미 문화는 솔직하다. 인간 본성을 잘 표현했다고나 할까. 중남미 유물과 조각 작품들을 보고 있으면 마치 사람의 속마음을 보고 있는 듯하다. 이는 중남미 문화가 현대에 와서 만들어진 것이 아닌, 오랜 세월에 걸쳐 기록됐기 때문이다. 과장하지 않고 있는 그대로를 진실하게 담아

추천 맛집

빠에야 & 따꼬

중남미문화원 박물관 내에 있는 레스토랑 빠에야에 가면 스페인 전통 음식인 '빠에야(paella)'를 맛볼 수 있다. 방문 전에 미리 예약해야 한다. 또한 조각 공원에 있는 레스토랑 따꼬에서는 멕시코 전통 음식인 '따꼬(Tacos)'를 판매하는데, 이곳은 토요일, 일요일, 공휴일만 영업하며 별도의 예약을 하지 않아도 된다.

전화 031-962-7171

중남미문화원에서 볼 수 있는
조각 작품과 꽃

보여 주는 중남미문화원에서는 자신을 감추거나 꾸미지 않아도 된다. 때문에 나 홀로 여행객에는 그야말로 휴식 같은 여행지다.

선교사 스탠리 존스는 "걱정이란 인생이라는 기계를 고장 나게 하는 모래알이다."라고 말했다. 그의 말처럼 걱정이 스트레스를 만들고 계속되는 스트레스는 없던 병도 키워 인생을 망가뜨린다. 혼자서 여행을 떠날 때도 마찬가지다. 지나친 걱정과 상상은 떠나려던 발걸음을 가로막고, 두려움과 수줍음 속으로 밀어 넣을 뿐이다.

원당종마목장. 유럽의 드넓은 목장을 생각나게 한다.

Info.

주소 경기도 고양시 덕양구 서삼릉길 233-112
전화 02-509-1682
시간 09:00~17:00(3~10월) / 09:00~16:00(11~2월)
/ **휴관** 매주 월요일, 화요일, 공휴일
요금 무료
교통 **승용차** 지하철 3호선 삼송역 → 농협대학 → 원당종마목장
대중교통 지하철 3호선 삼송역 5번 출구에서 041번 버스(매시 00, 20, 40분 출발) 이용 → 허브랜드 하차

| LANDSCAPE | WALK | TRADITION | REST | MOUNTAIN | MARKET |

005

유럽풍 목장 아름다운

원당종마목장

원당종마목장은 서울과 가까운 곳에 있지만, 서울을 닮은 구석이라고는 찾아볼 수 없어 낯섦이 느껴지기도 한다. 지하철에서 내려 마을버스를 타고 원당종마목장을 찾아가니 키 큰 은사시나무가 나를 반겼다. 은사시나무길을 천천히 걸으며 주위를 둘러보니, 도심에서는 보기 어려운 식물들도 보였다. 낙엽을 밟으며 운치 있게 길을 걷다 보니 외국의 어느 시골 마을에 온 듯한 착각이 들 만큼 아름답다.

● "달리는 말은 뒤를 돌아보지 않는다."라는 말이 있다. 인생살이에서도 통하는 말이다. 반성은 하되 후회는 하지 말고 앞으로 나아가는 것이 중요하다. 인생을 살아갈 때도 과거보다는 현재와 미래를 보며 살아가야 한다.

살아온 시간을 후회하고 싶지 않아 나 홀로 찾아간 원당종마목장. 그곳에서는 앞으로 갈수록 아름다운 자연이 펼쳐지기 때문에 걸어온 길을 돌아보거나 지난 시간을 아쉬워하지 않게 된다. 드넓게 펼쳐진 원당종마목장은 사람의 눈과 마음을 미래로 향하게 해주는 듯하다.

말을 가까이서
볼 수 있는 곳

● 은사시나무길이 끝나는 지점에서 또 하나의 그림 같은 풍경이 펼쳐지는데 바로 원당종마목장이다. 푸른 초원 위에서 말들이 뛰어놀고, 사람들은 나무 그늘에 누워 피로를 풀고 있었다. 아름다운 목장 풍경 때문에 SBS 드라마 〈봄날〉, 〈야망의 전설〉 등 많은 드라마와 영화의 촬영지가 되기도 했다.

서울에서는 느낄 수 없는 여유를 느끼며 목장길을 따라 걸었다. 원당종마목장의 백미라 할 수 있는 산책 코스를 따라 걸어가니 말을 가까이서 볼 수 있는 '말 먹이 체험장'이 나왔다. 말은 사람 가까이로 자주 다가오는 편이었는데, 아예 사람에게 붙어 떠나지 않는 말도 있었다. 사람들이 말에게 바라는 것은 가까이서 보는 것이었고, 말이 사람에게 바라는 것은 먹이였다. 사람들은 과자나 과일 등으로 말을 붙들어 두고 있었다.

원당종마목장은 산책하기에 좋은 곳이다. 유럽의 어느 시골 마을에 온 듯한 분위기를 풍기는 목장 옆에는 희릉, 효릉, 예릉 등이 있는 서삼릉이 있다. 이곳은 조선 제11대 중종의 계비 장경왕후 윤씨의 능, 조선 제12대 인종과 그의 비 인성왕후 박씨의 능, 조선 제25대 철종과 그의 비 철인왕후 김씨의 능, 조선 영조의 아들 장조의 제1자 의소세손의 묘, 조선 제16대 인조의 맏아들 소현세자의 묘, 조선 정조의 아들 문효세자의 묘가 있어 조용하고 엄숙한 분위기도 느낄 수 있다.

보통 서삼릉까지 보면 이곳에서의 여행이 끝났다고 생각하기 쉽지만,

한국마사회가 운영하는 곳으로 기수들이 연습하는 장면을 볼 수 있다.

서삼릉 안내문

말먹이 산책 코스에서 바라본 풍경. 흙을 밟으며
걸을 수 있어서 걷는 내내 여유로운 마음이 든다.

01, 02 원당종마목장 옆에 있는 허브랜드. 화분, 허브차 등을 판매한다.

제대로 마무리를 하려면 다시 은사시나무길로 돌아가야 한다. 은사시나무길 입구에 있는 자동차 카페에서 커피를 한잔해야 원당종마목장에서의 여행을 제대로 마무리할 수 있다.

마지막은 허브 향으로 마무리

● 원당종마목장의 마지막 코스로 마을버스 정류장 바로 옆에 있는 허브랜드로 향했다. 잔잔한 음악이 흘러나오는 허브 농장 안에는 라벤더, 박하, 로즈메리 등 각종 허브와 허브 향이 나는 비누와 향초를 판매하는 숍도 있고 차를 마실 수 있는 커피숍도 있다. 꼭 상품을 구매하지 않아도 된다. 구매하라고 부추기는 사람도 없다. 자연스럽게 구경하고 마음에 들면 구매하면 된다.

나는 화가 난 사람에게 걷기를 추천한다. 걷다 보면 마음 속의 화도 밖으로 배출되고 생각도 정리되기 때문이다. 종로에서 뺨을 맞았다면 원당종마목장으로 가서 눈을 흘겨보라. 자연은 말 없이 모든 것에 답해 준다.

타인 탓에 내 마음이 상처받아 힘들고 괴로워졌다고 해도 그 답은 타인이 아닌 나에게서 찾아야 한다. 그래야 지혜로운 답을 얻을 수 있다.

자동차 카페

버스에서 내려 원당종마목장으로 걸어가는 길에는 비교적 저렴한 가격에 커피를 판매하는 자동차 카페가 있다.
식당은 원당종마목장에서 좀 떨어진 곳에 있어 혼자 찾아가기에 부담을 느낄 수 있으니 김밥이나 샌드위치 등 간단한 먹을거리를 싸서 가는 것이 좋다.

위치 버스 정류장(종점)에서 원당종마목장으로 가는 길에 있다.

Info.

주소 경기도 수원시 팔달구 효원로 307번길 효원공원 내
전화 031-228-2412, 3412
시간 09:00 ~ 18:00
요금 무료
교통 승용차 서울 → 수원 IC 경부고속도로(신갈 방면)
→ 수원나들목 근처 원천로 수원 방면에서 좌회전
→ 원천로 수원 방면 고가도로 진입→ 법원 사거리
동수원로 문화예술관 방면 10시 방향에서 좌회전
→ 효원공원
대중교통 지하철 1호선 수원역 앞에서 92번 시내버스 이용 → 자유총연맹에서 하차

중연정 위에 올라서면 월화원을 한눈에 볼 수 있다.

006

중국 전통 정원
중국인들이 만든

월화원

로마에 가면 로마의 법을 따르라는 말이 있다. 월화원 안에 들어서면 중국 문화의 흐름에 따라 천천히 걷고, 천천히 보고, 천천히 느껴야 월화원이 전해 주려고 하는 이야기를 제대로 느낄 수 있다. 공원은 비교적 작은 규모이지만 알차게 꾸며져 있어 눈길이 안 가는 곳이 없고, 공원 주변에는 제주도 거리, 문화의 거리, 나혜석 거리 등 다채로운 볼거리가 가득해서 지루할 틈이 없다.

영국 속담 중에 "1년간 행복하고 싶다면 정원을 가꾸고, 평생의 행복을 원한다면 나무를 심어라."라는 말이 있다. 속담에도 정원이 등장할 만큼 영국은 정원을 사랑하는 나라다. 그런데 영국 못지않게 정원을 사랑하는 나라가 있으니 바로 중국이다. 베이징의 정원은 한 폭의 수채화나 산수화 같은 느낌을 풍기는 것으로 유명하다. 베이징에 있는 베이하이 공원은 황실 공원 중에서도 경관이 빼어나기로 유명한데 그 역사도 800여 년이 넘는다. 또 승덕의 피서산장은 중국에서 제일 큰 황실 정원으로 유네스코 세계문화유산에 등록되었다. 이외에

월화원 전체를 조망할 수 있는 우정이 문 너머로 보인다.
그림처럼 예쁜 정원을 보면 시름을 달랠 수 있다.

도 중국에는 이름난 정원들이 많으며 각기 개성이 있어 관광지로도 많은 사랑을 받고 있다. 대한민국에도 이런 중국 전통 정원이 있다.

테마가 있는 **효원공원** 속 **전통 중국 정원**

월방. 중국 원림 건축의 대표적인 건축물

● 중국 영남 지역의 전통 정원 모습을 담은 월화원은 수원 팔달구 효원공원 안에 자리 잡고 있다. 효원공원은 효(孝)를 상징하는 각종 기념물을 세워 조성한 공원이다. 농구장처럼 운동을 즐길 수 있는 공간과 산책을 할 수 있는 공간 등이 있으며 규모가 커 북적거림 없이 편하게 쉬기에도 좋다. 특히 효원공원 주변에는 제주도 거리, 문화의 거리, 나혜석 거리 등 걷기 좋은 테마 거리가 있어 볼거리도 많다.

제주도 거리는 제주도 전통 초가 모형, 돌하르방, 제주 탄생 신화의 주인공 등으로 테마적인 볼거리를 강조했고, 거리 주변은 제주도 나무와 돌로 꾸며 지역색을 살렸다. 또한, 공원 입구에서 경기도 문화 예술 회관의 야외 음악당에 이르는 거리는 문화관광부에서 지정한 문화의 거리로 각종 문화 행사가 열린다. 수원 시외버스 터미널에서 도보로 20분 거리에 있으며, 인근에 수원 성곽, 광교 유원지, 수원 월드컵 경기장 등이 있다. 도심 속 쉼터로 사랑받는 나혜석 거리도 빼놓지 말아야 할 볼거리 중 하나이다. 이 거리는 수원에서 출생하여 우리나라 첫 여성 서양화가가 된 나혜석을 기념하여 조성한 곳으로 만남의 광장, 분수대 등과 노천 공연을 할 수 있는 공간도 마련되어 있다.

월화원에서 볼 수 있는 연못들은 잔잔하고 깨끗해, 보는 이들의 마음까지 차분하게 한다.

01 옥란당. 접대와 휴식을 위한 장소 02 지춘. 중국 원림 건축의 전통적인 정원의 문 03 중연정 아래에 있는 연못 04 중연정 아래로 흐르는 물

01 분재원 쪽에서 보이는 문 02 중국 전통 방식으로 재배된 다양한 분재가 전시되어 있다.

구간은 효원공원에서 KB국민은행 동수원지점 맞은편까지이고, 주변에 카페·레스토랑 등이 있어 쉬어 가기에도 좋다.

대륙의 기상을 품은
중국 전통 정원

　효원공원 내에 있는 월화원은 중국 광둥 성에서 직접 만들어준 정원이다. 그래서인지 중국 고유의 색채가 물씬 풍긴다. 월화원에 들어서자 제일 먼저 눈에 들어온 것은 '봄을 느낀다'라는 뜻을 지닌 '지춘(知春)'이었다. 지춘은 중국 원림 건축의 전통적인 정원의 문 형태로 지역성을 나타내고 있다.
　월화원 내에 있는 중요한 볼거리 중 하나는 중국 원림 건축의 대표적인 건축물 중 하나인 월방

(月舫)이다. 잔잔한 호수와 잘 어우러져 있어 중국 특유의 여유로움과 아름다움을 느낄 수 있다. 접대와 휴식의 장소로 사용된 옥란당도 눈에 띈다. 옥란당은 중국 고건축의 헐산권봉 기법을 사용한 곳으로 옥란이라는 식물의 이름을 따서 붙여진 이름이다.

땅을 파내 연못을 만들고 파낸 흙으로 산을 만들어 마치 산 정상에 지어진 느낌이 드는 정자 '우정(友亭)'과 중국 꽃 문양의 녹색 통화창으로 만든 담장은 이곳을 찾은 모든 이들을 마치 중국에 있는 정원으로 안내하는 듯하다.

월화원은 여유로운 기운을 뿜어내는 정원이다. 단순히 중국 전통 정원을 흉내 낸 것이 아닌 대륙 특유의 여유로운 정신까지 담고 있다. 월화원을 부러운 눈으로 보고 온 날, 우리나라에도 한국적인 미와 정신을 담은 정원을 마을 곳곳에 만들었으면 하는 소망을 해 봤다.

모든 병은 스트레스에서 시작된다. 스트레스는 만족을 못할 때나 마음을 조급하게 가질 때 온다. 마음이 편하지 않으면 몸에 병이 오고, 몸에 병이 오면 또다시 마음이 아프다. 악순환이 계속되는 것이다. 악순환의 연결 고리를 끊고 싶다면 마음을 다스려야 한다. 사람의 마음이야말로 모든 행복과 불행의 출발점이기 때문이다.

추천 맛집

조선삼계탕

중국 전통 정원 주변에는 음식점이 많다. 한국 최초의 여성 서양화가로 유명한 나혜석을 기리기 위해 조성된 나혜석 거리 주변에도 음식점들이 많고, 부담 없이 고르고 먹을 수 있는 대형 마트의 푸드코트도 있다. 특히 나혜석 거리에 있는 조선삼계탕 집은 국물 맛이 좋기로 유명하다. 메뉴로는 삼계탕, 닭죽, 닭곰탕이 있다.

위치 경기도 수원시 팔달구 인계로166번길 48-21
전화 031-232-3341
시간 10:00 ~ 22:00
휴관 명절

| LANDSCAPE | WALK | TRADITION | REST | MOUNTAIN | MARKET |

007

아름다운 묘지 사연도 모양도

양화진 외국인선교사묘원

양화진외국인선교사묘원에 갈 때 꼭 가져가야 할 것이 있다. 바로 '경건한 마음'이다. 요샛말로 하면 개념이 있어야 한다. 가져간 휴지는 다시 가지고 돌아오는 예절, 소란스러운 행동이나 말을 하지 않는 등 기본 예절을 꼭 지키도록 하자.

● 　　　　　어느 날 이런 생각을 해 봤다. 나는 죽기 전 무엇을 후회할까. 그래서 적어 봤더니 아주 사소한 것들이 나왔다.

하나, 많이 사랑하지 못 했던 것.

둘, 다이어트 걱정에 맛있는 음식을 마음껏 먹지 못 했던 것.

셋, 걱정에 휩싸여 어둡게 지냈던 시간.

넷, 어려운 친구를 진심으로 돕지 못했던 것.

Info.

주소 서울 마포구 토정로 6
전화 02-3142-4434
시간 10:00 ~ 17:00 / 휴관 매주 월요일
요금 무료
교통 승용차 ❶ 잠두봉 지하차도 진입 지점에서 우측 지상
　　　　　절두산 진입로 이용
　　　　❷ 합정역 방면 도로로 진입하자마자 우측 도로 이용
　　　　　절두산 진입
　　대중교통 지하철 2, 6호선 합정역 7번 출구에서 한강 쪽
　　　　　으로 도보 10분

홈페이지 www.jeoldusan.or.kr

양화진외국인선교사묘원에서 볼 수 있는 묘지와 성모 마리아상

다섯, 더 많이 웃지 않았던 것

임종을 앞두고 자신의 인생을 점검하기보다 삶을 사는 중간에 점검해보는 것도 나쁘지 않다는 생각이 들었다. 양화진 외국인선교사묘원은 현재의 내 삶을 돌아보게 한다. 잠든 자들의 인생 행적을 돌아보면 나도 이런 인생을 살아야겠구나하고 생각하게 된다.

과거, 현재, 미래의 시간을 보여주는 곳

절두산 순교 성지에는 성모 마리아상이 많다.

● 양화진 외국인선교사묘원에는 일제 암흑기에 복음을 전파하기 위해 이 땅에서 자신의 인생을 헌신한 선교사들이 안장되어 있다. 우리나라 공동묘지와는 다른 모습의 묘지들 때문에 종교 여부에 관계없이 다양한 사람들이 찾고 있다. 우리나라가 힘들었던 시절 우리나라를 돕던 사람들이 잠든 이곳을 돌아보면 '나는 과연 누군가를 이렇게 도울 수 있을까'라는 생각에 절로 고개가 숙연해진다.

1866년 병인교난으로 천주교 신자 수천 명이 순교한 절두산에 세워진 순교 성지에 있는 외국인 묘지는 사람들을 과거, 현재, 미래의 시간으로 안내한다. 혼자서 양화진 외국인선교사묘원을 찾았지만, 묘지임에도 전혀 무섭지 않았다.

과거에 양화진 외국인선교사묘원은 봉우리의 모습이 '누에가 머리를 치켜든 것 같다'고 하여 잠두봉이라 불렸다. 한강변의 명승지로 그 경치가 빼어나 문인들은 물론 중국 사신들이 오면 빼놓지 않고 다녀갔던 곳이기도 하다. 하지만, 흥선대원군의 명으로 시작된 천주교 박해로 수많은 기독교 신자의 목이 잘렸고, 머리가 잘렸다는 의미로 '절두산'이라고 불리게 되었다.

양화진 외국인선교사묘원에는 이화여자 고등학교와 이화여자 대학교의 시초인 이화학당을 세운 스크랜턴 여사의 묘와 한국 최초의 공식 영어 교사였던 영국인 토마스 에드워드 핼리팩스, UPA(UPI의 전신) 한국 특파원으로 활동하며 독립선언서를 서방 언론에 알린 앨버트 테일러 등 이름만 들어도 알 수 있는 선구자들의 묘지가 있다. 묘지를 장식한 아름다운 꽃들은 묘역을 방문한 이들의 시선을 사로잡고, 지난 세월 선교사들의 희생을 기억하게 한다.

나 홀로 사색하기 좋은 산책 코스

묘지 바로 옆, 한강 쪽에는 혼자서도 걷기 좋은 산책 코스가 있다. 그곳에는 기도하는 사람들과 한강에서 불어오는 바람을 맞으며 책을 읽는 사람들이 있다. 떠들어서는 안 되는 장소이기에 분위기는 차분하다. 기독교 신자가 아니라면 그곳에서 조용히 산책한 후 의자에 앉아 잠시 쉬는 것도 좋다.

하버드대학교 법학과를 우등으로 졸업한 변호사 모건 추(Morgan

추천 맛집

홍익대 학생식당 회관

가격은 저렴한데 양은 푸짐하다. 거기다 맛까지 좋다. 밥 종류를 비롯하여 분식과 스낵도 판매한다. 정문에서 5분 정도 걸어오다 보면 우체국이 보이는데 우체국 옆 지하에 위치해 있다. 식당 앞에는 쉼터가 조성되어 있어 책을 읽거나 음악을 듣기에도 좋다.

위치 홍익대학교 내(정문에서 도보 5분 거리)
휴관 일요일, 공휴일
전화 02-325-1096

Chu)는 인생에 대해 이런 글을 남겼다. "열심히 일하는 것은 매우 중요한 일이다. 하지만, 사는 동안에는 가끔 길을 걷다가 꽃의 향기를 맡아보는 것도 잊지 마라."

아무 곳에 낙서하는 것, 어린 시절의 꿈을 되짚어 보는 것, 유머 감각을 잃지 않는 것 등도 마찬가지다. 열심히 일하는데도 인생이 행복하지 않다면, 끊임없이 고민해도 인생이 즐거워지지 않는다면, 살면서 남에게 크게 잘못한 것도 없는데 불행만 온다고 여겨진다면 자신을 돌아봐야 한다. 그 해답은 타인이 아닌 자신이 쥐고 있기 때문이다.

선교사 묘지. 선교사의 업적, 이력 등에 대해 적혀 있다.

| LANDSCAPE | WALK | TRADITION | REST | MOUNTAIN | MARKET |

008

동물원 옆 미술관

나 홀로 즐기기 좋은

국립현대미술관

지하철 4호선 대공원역에서 국립현대미술관까지 무료로 셔틀버스가 운행된다. 국립현대미술관으로 갈 때는 입장권이 필요 없지만, 국립현대미술관에서 지하철 대공원역까지 가는 무료 셔틀 버스를 이용할 때에는 운전기사에게 입장권을 제시해야 탑승이 가능하다.

● 　　　　　　유럽이나 미국의 미술관들은 관광지 역할도 톡톡히 해낸다. 특히 유럽은 미술관만 찾아다녀도 훌륭한 여행이 된다. 우리나라 미술관도 유럽 미술관 못지않게 관광지로서 손색이 없다. 특히 국립현대미술관은 한국을 찾은 외국인들이 많이 찾는다. 건물 외관에서 한국의 성곽과 봉화대의 전통 양식을 엿볼 수 있으며, 내부에는 건물 외관 안에는 한국 근·현대 미술 작품을 전시하고 있어 한국의 미술을 보고 느낄 수 있다.

Info.

주소 경기도 과천시 광명로 313
전화 02-2188-6000
시간 10:30 ~ 18:00(3월~10월) / 10:00 ~ 17:00(11월~2월)
휴관 매주 월요일, 1월 1일(월요일이 공휴일이면 그 다음 평일이 휴관)
요금 상설 전시는 무료
교통 승용차 ❶ 남태령 길 → 수원 방향 지하차도(1차선 이용) 진입 → 지하차도 진입 후 대공원 방향 고가차도 진입 → 대공원역(지하철 4호선) 우회전(4.3Km) → 나들목 다리로 진입
❷ 선바위길 → 지하철 4호선 선바위역에서 우회전 → 경마공원역 → 대공원역 직진 → 대공원 주차장 도로(4.3Km) → 나들목 다리로 진입
대중교통 지하철 4호선 대공원역 4번 출입구 옆에서 미술관 셔틀버스 이용(20분 간격, 토, 일요일 야간 개관 시간에는 30분 간격으로 연장 운행)
홈페이지 www.moca.go.kr

1969년 개관한 국립현대미술관은 한국 순수미술의 발전을 위해 다양한 활동을 하고 있다.

1층에 있는 백남준 작품 〈다다익선〉.

국내 유일의 국립미술관

● 서울 지하철 4호선을 타면 만날 수 있는 국립현대미술관은 국내 유일의 국립미술관이다. 1969년 경복궁에서 개관하였고 덕수궁 석조전을 거쳐 1986년 지금의 자리로 오게 되었다. 국립현대미술관은 입구에서부터 미술관 외관, 미술관 내부, 야외에 이르기까지 하나도 그냥 지나칠 곳이 없다. 특히 미술관 외부는 한국의 성곽과 봉화대의 전통 양식을 투영한 독특한 디자인으로 설계되었다.

국제적 규모를 자랑하는 곳이라 그런지 이곳을 찾는 외국인들도 많다. 전시관은 1층, 2층, 3층과 야외 조각 공원으로 꾸며져 있다. 특히 1층에 있는 원형 전시실은 모두 9개에 달하는 미술관의 전시 공간 중 가장 큰 규모를 자랑한다. 3층에 있는 전시실에서는 한국 현대미술 작가들의 드로잉 작품과 70년대 후반 이후 단색조 회화와 조각 작품들을 전시하고 있다.

야외 조각 공원에는 국내 작가와 국외 작가 등 유명 조각가들의 조각 작품 60여 점이 전시되고 있다. 미술관 주변에는 청계산과 관악산이 병풍처럼 둘러싸고 있어 경관 또한 뛰어나고, 산책은 물론 휴식을 취하기에도 좋다.

국립현대미술관의 또 다른 특징은 한국 미술과 세계 미술을 한자리에서 감상할 수 있다는 점이다. 규모만 큰 것이 아니라 그 큰 규모에 맞게 여러 종류의 미술 작품들이 꼼꼼하게 채워져 있다.

통로에 전시된 다양한 작품.
작품은 주기적으로 바뀐다.

혼자서도 즐거운
야외 조각 공원

● 　　　　바깥 공기를 쐰 후 미술관을 둘러보고 싶다면 야외 조각 공원이나 중앙 분수대 앞쪽에 있는 호수를 먼저 찾는 것이 좋고, 작품을 먼저 감상한 후 산책을 하며 쉬고 싶다면 내부 전시실을 먼저 가는 것이 좋다. 미술관을 구석구석 보고 싶다면 국립현대미술관 후문까지 가는 것이 좋다.

야외 조각 공원에 가면 차를 마실 수 있는 곳이 세 곳 정도 있다. 음료수나 차를 준비해 호수 앞에 마련된 의자에 앉아 망중한을 즐겨 보자. 도심 속의 커피숍과는 다른 싱그러운 분위기를 느낄 수 있다.

"보이는 것이 다가 아니다". 국립현대미술관을 표현할 수 있는 말이다. 나 홀로 돌아본 국립현대미술관은 우리나라 유일의 국립미술관답게 가치 있는 미술 작품의 전시는 물론 편안한 쉼터로서의 역할도 하는 토털 문화 공간이었다.

혼자 걷고, 혼자 보고, 혼자 느끼는 것에 익숙하지 않은 사람도 편하게 즐길 수 있는 곳을 꼽으라면 미술관을 추천하고 싶다. 미술 작품을 보느라 타인의 취향에는 눈이 가지 않기 때문일까. 미술관에서 보낸 하루는 다른 곳에 비해 좀 더 자유로움이 느껴진다.

추천 맛집

미술관 내 카페테리아
국립현대미술관 내에는 밥보다 차를 마시기에 적당한 곳이 많다. 그중 1층에 있는 카페테리아에서는 커피, 음료는 물론 파스타, 피자 등을 판매한다. 분위기도 좋고 가격도 부담 없는 수준이다.
야외 조각 공원에 운치 있는 벤치가 많다. 미술관으로 들어가기 전 가벼운 먹을거리를 준비해서 가는 것도 좋다.

위치 1층 백남준 작품 '다다익선' 뒤
전화 02-504-3931

도심 속에서는 흙을 밟을 기회도, 푸른 숲을 볼 기회도 적다. 싱그러운 자연을
오롯이 느낄 수 있는 야외 조각 공원에 앉으면 마음에 여유를 얻을 수 있다.

학술, 토론, 모임 등을 위한 공간인 백련당

Info.

주소 경기도 남양주시 화도읍 경춘로 2110번길 8
전화 031-594-8001
시간 09:30 ~ 17:00(11월~2월) / 09:30 ~ 17:30(3월, 10월) / 09:30 ~ 18:00(4월, 9월) / 09:30 ~ 18:30(5월~8월) / 매주 월요일 휴관
요금 성인 3,000원 / 청소년 2,000원 / 어린이 1,500원
교통 승용차 서울 → 구리 → 남양주 → 춘천 방향(46번 경춘국도) → 마석 → 모란미술관
대중교통 ❶ 지하철 1호선 청량리역 4번 출구에서 30, 1330, 765번 버스 이용 → 모란공원 입구 하차
❷ 지하철 2호선 잠실역 7번 출구에서 1115번(좌석) 버스 이용 → 모란공원 입구 하차
홈페이지 www.moranmuseum.org

| LANDSCAPE | WALK | TRADITION | REST | MOUNTAIN | MARKET |

009

미술관 보석을 품고 있는

모란미술관

"문화 예술의 아름다움을 만인에게 알리는 데 그 설립 목적을 둔다." 모란미술관이 지향하는 정신이다. 모란미술관은 설립 목적에 맞게 다양한 방법으로 관람객을 만나고 있다. 상설 전시와 기획 전시를 통해 가치 있는 작품을 소개하고, '모란조각대상' 개최를 통해서 능력 있는 작가를 발굴한다. 또한 청소년들을 위해 모란미술관 학교를 운영하고 출판, 작품 수집 및 보존, 연구 등을 통해 미술을 발전시켜 나가고 있다.

● 　　　　　　　미술관에는 미술 작품만 있다? 아니다. 미술관에는 여유와 행복도 있다. 그리고 모란미술관에는 자연도 있다. 경기도 마석에 위치한 모란미술관에 오면 먼저 아름다운 자연 때문에 환호성을 지르게 된다. 울창한 자연 속에 자리 잡은 모란미술관을 보고 있으면 하나의 훌륭한 작품이 탄생하려면 자연의 힘과 인간의 힘 모두가 필요함을 느끼게 된다. 미술 작품 관람과 여유로운 산책이 가능한 마석으로 나 홀로 여행을 떠나 보자.

01 백련당 02 야외 1전시장 03 실내 전시실 입구에서 바라본 야외 1전시장

사색하기 좋은 야외 전시 공간

● 나는 오로지 모란미술관 하나만을 보기 위해 경기도 남양주시로 향했다. 그런데 그곳에 도착해 우연히 들른 공원에서 평생 잊지 못할 감동을 받았다.

모란미술관은 실내 전시관보다 야외 전시 공간이 더 유명한 곳이다. 야외 전시 공간에는 110여 점에 이르는 조각 작품들이 전시되어 있어 단순히 미술관 역할에 그치지 않고, 아름다운 연못, 등나무 그늘과 함께 사색하기 좋은 장소로서의 역할도 훌륭히 해낸다. 모란미술관에 왔다면 일부러라도 발걸음을 멈추고 이곳에서 잠시 쉬어 가자.

잔디를 밟고, 호수를 보고, 조각 작품들을 감상하는데 익숙한 얼굴이 보였다. 조각상의 이름은 금아 피천득 좌상이었고, 그 밑에 피천득 선생의 〈이 순간〉이라는 시가 새겨 있었다. '이 순간 내가 별들을 쳐다본다는 것은 그 얼마나 화려한 사실인가…….'로 시작되는 시는 현재의 고민과 미래의 걱정을 안고 살아가는 우리에게 남다른 의미를 선사할 것이다.

시대를 살아가면서 꼭 기억해야 할 사건과 사람들

● 모란미술관을 격조 높은 작품에 비유한다면, 바로 옆에 있는 모란공원은 보석에 비유할 수 있다. 모란미술관 앞에

도착했을 때 모란공원은 원래 주된 관심사가 아니었다. 미술관을 구경한 후 시간이 남으면 돌아봐야겠다고 생각한 곳이었다.

그런데 나는 그곳에서 우리가 살면서 꼭 기억해야 할 사람들과 사건을 보게 되었다. 모란공원이 어떤 곳인지 모르고 나처럼 무심코 들어온 사람이라면 1분도 안 되어서 깜짝 놀라게 된다. 이곳은 우리가 익히 알고 있는 공원이 아니라 공동묘지이기 때문이다. 그런데 누구든 한번 들어오면 쉽게 나갈 수가 없다. 이곳에 잠들어 있는 이들의 행적이 발걸음을 멈추게 하기 때문이다.

이곳에 묻힌 대표적인 사람으로는 전태일 시민 운동가가 있다. 그는 16살 때부터 서울 평화시장 봉제 공장의 보조원으로 노동자 생활을 시작했다. 당시 그는 열악한 노동 환경을 견뎌내며 일하던 중 동료 여공이 가혹한 노동으로 생긴 폐렴 때문에 가차 없이 강제 해고당하는 것을 보고, 불의에 맞서 노동자의 목소리를 냈다. "근로기준법을 지켜라!", "내 죽음을 헛되이 하지 마라!"라고 외친 후 분신했다.

그 밖에도 서울대학교 언어학과 재학 당시 공안당국에 붙잡혀 물고문과 전기고문을 받다 사망한 박종철 민주 운동가, 시인 윤동주의 친구이자 배우 문성근의 아버지인 문익환 목사를 비롯하여 많은 열사가 이곳에 잠들어 있다.

모란공원은 공동묘지이지만 전혀 무섭지 않다. 스산한 분위기도 없다. 그저 자신을 희생하며 홀로 정의를 외친 선구자들을 생각하면 고맙고, 안타깝고, 미안한 마음이 든다.

01 모란공원 내 민주 열사 묘역 02 시민 운동가 전태일의 묘

야외 2전시장에 있는 작품

야외 전시장에 있는 작품. 모란공원은 우리가 이 시대를 살아가면서 꼭 기억해야 할 사건과 사람들을 기억하게 한다.

여유와 아름다움을 제대로 느낄 수 있는 모란미술관 산책길

혼자 먹기 좋은 곳

모란미술관 가까운 곳에 음식점이 모여 있다. 버스를 타고 온다면 화도 파출소 또는 화도 지구대에서 하차하면 된다. 가볍게 먹을 수 있는 자장면집과 분식집, 롯데리아 등이 있다. 잡지에 소개될 만한 최고급 레스토랑은 아니지만, 가격도 저렴하고 메뉴도 간단해서 혼자 식사하는 사람에게 여러모로 만족감을 준다.

외로움을 이겨낸 사람은 아름답다. 그들은 인생에서 느낄 수 있는 힘든 감정을 견뎌냈기 때문이다. 세상에 꽃씨를 뿌린 이들을 위해 나는 묘지에 작은 꽃씨를 뿌렸다. 휴지도 줍고 비석도 닦았다.

나는 행복을 찾아 방황하는 이들에게 모란미술관에 가보라고 말한다. 모란미술관과 모란공원에는 사람이 만든 아름다움과 자연이 만든 아름다움이 공존한다. 사람이 만든 아름다움은 눈과 마음을 행복하게 해주고, 자연이 만든 아름다움은 몸과 정신을 행복하게 해준다.

생텍쥐페리는 말했다. "사막이 아름다운 것은 어딘가에 샘을 숨기고 있기 때문이다." 모란미술관이 내게 아름다운 기억으로 오래도록 남는 것은 바로 옆에 모란공원을 숨기고 있었기 때문이다.

Info.

주소 서울 관악구 남부순환로 2076
전화 02-598-6247
시간 10:30 ~ 20:00 / 10:00 ~ 18:00(토요일, 일요일, 공휴일) / 휴관은 매주 월요일, 1월 1일
요금 무료
교통 **승용차** 시당역 근처→낙성대 방향(고가도로 끝나는 곳)
대중교통 지하철 2·4호선 사당역 6번 출구에서 도보 2분

| LANDSCAPE | WALK | TRADITION | REST | MOUNTAIN | MARKET |

010

문화 공간

휴식 같은

도시인들을 위한

서울시립미술관 남서울분관

서울시립미술관 남서울 분관에 갈 때 알아야 할 두 가지가 있다. 첫 번째는 남서울 분관 내에는 차를 마실 수 있는 공간과 음료 자판기만 있을 뿐 음식점이 없는 것. 그래서 식사는 서울시립미술관 주변에 있는 음식점으로 가야 한다. 두 번째는 남서울분관 내에 전시된 작품을 촬영할 수 없다. 작품을 감상하고 느끼는 데만 집중하자.

● 　　　　　인간에게 행복을 주는 파랑새를 찾아 여러 곳을 찾아다니는 치르치르와 미치르처럼 사람들은 자신이 사는 곳을 벗어나면 행복이 있을 거라고 생각한다. 서울시립미술관 남서울 분관은 행복을 찾아 서울을 벗어나는 이들에게 새로운 답안을 제시해준다. 미술관 바로 앞에는 도로가 있고, 여느 미술관처럼 넓은 잔디도 없지만, 서울시립미술관 남서울 분관은 찾아온 이들에게 여유와 아름다움을 심어준다.

인생의 **속도**를 높이면
행복은 멀어진다

● 　　　　　나는 '투 잡(two job)'도 모자라 '쓰리 잡(three job)'까지 한 적이 있다. 그렇게 몇 년간 뛰었다. 계속 그렇게 살면 성공하고, 행복해질 것이라고 믿었다. 그런데 날이 갈수록 행복해지는 것이 아니라 더 불행해지고 있었다. 뛰는 속도는 더 빨라졌고 그 덕분에 나는 더 많은 일을 했지만 행복하지 않았다.

사무직에 종사하는 직장인 60%가 만성 피로에 시달리고 있다는 기사를 본 적이 있다. 일에 치여 제대로 휴식을 취할 시간이 없기 때문에 쉽게 피로를 느끼는 것은 물론, 바쁘게 일하는 와중에 외로움까지 느낀다고 한다.

여가 생활은 시간이 없을수록 해야 한다. 인생을 어느 정도 안다는 사람들은 매 순간을 행복하게 살라고 말한다. 행복해지기 위해서는 일도 중요하지만, 그보다 더 중요한 것은 순간을 즐기고 자신만의 쉼터를 마련하는 것이다.

지친 **도시인들**을
위한 **쉼터**

● 　　　　　서울시립미술관 남서울 분관은 도시인들을 위한 쉼터다. 도시 한가운데 자리 잡고 있어 찾아가기에도 부담이 없다. 구 벨기에 영사관으로도 불리는 이곳은 대한제국(1897년~1910년) 주

벨기에 영사관에 자리 잡은 서울시립미술관 남서울 분관에 가 실험성 있는 미술 작품을 관람할 수 있다.

서울시립미술관 남서울 분관은 연중 무료로 운영되는 다채로운 전시 및 교육 프로그램을 통해 예술의 대중화에 앞장서고 있다.

재 벨기에 영사관 건물이었다. 2004년 5월, 우리은행이 기업 문화 예술 지원 사업의 일환으로 서울특별시에 무상 임대했고, 서울시는 공공미술관으로 새롭게 꾸며 2004년 9월, 시민을 위한 문화 공간으로 새롭게 조성했다. 연중 무료로 운영되고 있어 경제적인 부담 없이 문화 생활을 즐길 수 있다.

서울시립미술관 남서울 분관은 여느 미술관과는 다르다. 건물 외관은 화강암과 붉은 벽돌로 이루어져 있어 이국적인 색채를 물씬 풍긴다. 다른 미술관에 비하면 규모도 작고 넓은 잔디도 없지만, 서울시립미술관 남서울 분관을 찾은 이들은 고즈넉한 향기에 취해 대부분 만족하고 돌아간다. 서울시립미술관 남서울 분관이 새로 지은 현대식 건물이었다면 아마 이야기는 달라졌을 것이다.

이국적인 건물에서 수준 높은 미술 작품을 감상하고 미술관 내부에 있는 카페 '예뜰'에서 200원짜리 자판기 커피를 한 잔 마시면 마음속 조급함도 달랠 수 있다. 서울시립미술관 주변에는 정동길, 덕수궁 돌담길, 청계천길, 삼청동길 등이 있어 도심 속에서 운치 있는 걷기를 통해 미술관 여행을 마무리할 수 있다.

〈뜨거운 침묵〉을 쓴 아나운서 백지연 씨는 말했다. "오랜 세월 사하라 사막을 횡단하며 살아온 유목민이 우리에게 주는 지혜의 메시지가 있다. 오아시스에 도달하기 전에 쓰러지는 것은 더위와 갈증 때문이 아니라 인간의 조바심 때문이다."

인생을 아름답고 여유롭게 살고 싶다면, 그런 지혜를 얻고

파스텔시티

지하철 2, 4호선 사당역 12번 출구로 나가면 파스텔시티가 있다. 파스텔시티 3, 4층에는 전문 식당가가 있고 1층엔 카페테리아가 있다. 특히 4층에 있는 사보텐은 나 홀로 식사를 즐기기에 적당한 곳인데 치킨 커틀릿 정식, 로스 커틀릿 정식, 히레 커틀릿 정식을 판매하고 있다.

전화 02-588-0123

2층으로 올라가는 계단 옆 창문

예뜰에서 바라본 야외 정경

야외에 전시된 작품

싶다면 미술관에 가자. 세월의 흔적과 예술혼이 담긴 작품을 통해 스스로 느끼고 깨우칠 수 있다. 인생의 꽃은 죽을 때 피우는 것보다 살아 있는 동안 피워야 한다. 여기서 꽃은 성공이나 돈이 아니다. 만족이고 여유이다. 인생에는 쉼표가 필요하고 그 쉼표는 인생을 더욱 풍요롭게 한다.

| LANDSCAPE | WALK | TRADITION | REST | MOUNTAIN | MARKET |

011

사립미술관 한국 최초의

호암미술관

에버랜드에서 호암미술관으로 들어가려면 무료로 운행하는 셔틀버스를 이용하는 것이 좋다. 점심시간인 12시를 제외하고 오전 10시부터 오후 4시까지 1시간 간격으로 운행한다. 셔틀버스 승차장은 에버랜드 정문을 등지고 서서 왼쪽을 보면 버스 승차장이 보이는데 그곳에 호암미술관으로 가는 셔틀버스 승차장이 있다.

● 　　　　호암미술관 주변에는 대한민국의 놀이동산 중 가장 큰 규모를 자랑하는 에버랜드와 재미와 체험 요소가 가득한 삼성화재 교통박물관이 있다. 에버랜드와 삼성화재 교통박물관이 신나는 세상이라면 호암미술관은 아름다운 세상이라 할 수 있다. 이곳은 늘 사람들로 붐빈다. 신나는 세상과 아름다운 세상을 보기 위해 전국 각지에서 사람들이 몰려들기 때문이다. 하지만 대부분의 사람들은 신나는 세상으로 더 많이 몰린다. 그래서 아름다운 세상인 호암미술관을 찾은 사람들은 조용하고 여유 있게 관람할 수 있다.

Info.

주소 경기도 용인시 처인구 포곡읍 에버랜드로 562번길 38
전화 031-320-1801~2
시간 10:00 ~ 18:00 / **휴관** 매주 월요일, 1월 1일, 명절
요금 성인 4,000원, 청소년 3,000원
교통 **승용차** 경부고속도로 → 신갈나들목 → 영동고속도로 원주·강릉 방면 → 마성 요금소 → 에버랜드 → 호암미술관
대중교통 강남역 6번 출구나 양재역에서 5002번 버스 이용 에버랜드 하차
홈페이지 hoam.samsungfoundation.org

호암정. 호암미술관 주정원에 있는 정자

나이가 들수록 사람은 그리움과 추억을 먹고 산다.
나 역시도 옛 기억을 떠올리며 미소를 지을 때가 있다.

전통을 멋스럽게 담아낸
호암미술관

● 나이가 들수록 사람은 그리움과 추억을 먹고 산다. 나 역시도 옛 기억을 떠올리며 미소를 지을 때가 있다. 그때마다 나에게도 꺼내 볼 추억이 있다는 것이 감사하다.

호암미술관은 내 기억의 한 부분을 차지한 곳이다. 10여 년 전 친구와 서울 여행을 하다 들렀는데, 그 이후 호암미술관을 떠올리면 친구와 설레는 마음으로 돌아봤던 대학로 마로니에 공원과 63시티, 광화문광장, 동대문시장 등이 같이 생각난다.

10여 년 만에 다시 찾은 호암미술관은 그때의 모습을 여전히 간직하고 있었다. 특히 기억에 많이 남았던 전통 정원 희원(熙園)은 그때보다 더 아름다워져 있었다. 한국 전통 정원에서 볼 수 있는 특유의 멋을 잘 살린 곳으로 담 안과 밖이 자연스럽게 어우러져 있다. 신라 시대 석탑을 비롯하여 이름 없는 석공들이 만들어낸 불상 등 귀중한 석조물들이 정원에 아름다움을 더하고 있다. 전통 정원 희원은 1997년 5월, '문화유산의 해'와 호암미술관 개관 15주년을 기념하여 전통문화의 계승 및 민족문화의 우수성을 재조명하기 위해 1997년 5월 개원했다.

전통 정원 희원을 비롯하여 프랑스 조각의 거장 부르델의 대형 조각 작품들이 전시된 부르델 정원 또한 이곳을 찾아온 모든 이들에게 특별한 인상을 심어준다.

소원 가까이에 있는 문

간정. 사귀나무 등이 있는 작은 정원

희원 내에 있는 석상

희원에 있는 식물

희원 내 연못에 떠 있는 연꽃

희원 내에 있는 탑

강한 인상을 심어주는 전시실과 이국적인 정원

● 　　　　　　　호암미술관의 전시실은 공예실, 불교미술실, 서화실, 청자실, 분청사기실, 백자실로 꾸며져 있다. 고대부터 조선 시대까지 우리 선조들의 얼이 담긴 수준 높은 유물을 감상할 수 있다. 상설 전시뿐 아니라 직접 체험하고 배울 수 있는 가족 프로그램, 우리 문화를 제대로 이해할 수 있는 특별 강좌 등을 통해 수준 높은 작품의 관람은 물론 한국 문화에 대한 이해를 높일 수 있다.

사람들로 북적이지 않아 혼자 다니기에 편했던 호암미술관은 나 홀로 여행에 아름다운 추억을 남기기에 충분했다.

혹자는 말하기를 미술관에는 유독 혼자 온 여자들이 많다고 한다. 미술관을 혼자 다니는 여자인 내가 말하자면 미술관에는 혼자 온 여자들도 있고, 혼자 온 남자들도 있고, 혼자 온 외국인들도 있다. 그런데도 미술관 하면 혼자 온 여자들을 떠올린다. 이는 미술관이 여자 혼자 다니기에 깨끗하고, 위험하지 않기 때문이 아닐까 싶다.

추억은 꼭 사람과 사람 사이에서만 생기는 것이 아니다. 혼자 다니면서 보고 느낀 것도 진한 추억으로 남는다.

에버마트

호암미술관 내에 있는 매점에서 아이스크림과 음료수 등 간단한 스낵을 판매한다. 호암미술관으로 오기 전 에버랜드 입구에 있는 에버마트에서 간단한 간식이나 샌드위치 등을 사가는 것이 좋다.

희원에서 볼 수 있는 탑

미술관에 전시된 전통 탈

정원에 진열된 탑과 작품들

| LANDSCAPE | WALK | TRADITION | REST | MOUNTAIN | MARKET |

012

함께 하는 공간 미술과 음악이

신라호텔 조각공원길

신라호텔 영빈관 뒤뜰에 조성된 야외 조각공원으로 호텔에서 관리하는 곳답게 굉장히 깨끗하다. 서울 성곽이 있어 산책을 즐기는 일반인들이 많은데 쉴 수 있는 벤치가 많은 것이 장점이다. 호텔이 가까이 있으니 소음을 발생시키는 행위는 삼가 하도록 하자.

●   20세기 대표적인 서양화가이자 조각가인 파블로 피카소가 말했다. 예술은 우리의 영혼을 일상의 먼지로부터 씻어 준다고. 미국의 유명한 화가 알프레드 윌리암 헌트는 말했다. 음악은 상처 난 마음에 대한 약이라고. 신라호텔 조각공원에는 영혼을 씻어 주는 미술, 상처 난 마음을 위로해 주는 음악이 모두 있다. 어느 곳을 가든 잔잔한 음악이 들리는데 이 때문인지 혼자 있는 기분이 들지 않는다. 생각보다 사람이 적어 혼자 산책하기도, 벤치가 많아 책을 읽기에도 좋다.

Info.

위치 서울시 중구 동호로 249
요금 무료
교통 대중교통 지하철 3호선 동대입구역 5번 출구에서 도보 5분

흙의 기운이 느껴지는 산책길

작품「기다리는 사람들 - 85」

문턱 낮은
호텔 속 공간

● 호텔 하면 떠오르는 재미있는 경험이 하나 있다. 몇 년 전 다니던 회사에서는 직원 생일 선물로 호텔 식사권을 줬다. 2명이 먹을 수 있는 식사권이었는데 회사 동료와 함께 갔다. 그런데 호텔 앞에 와서 작은 실랑이를 벌였다. 동료가 호텔 입장을 한사코 거부했기 때문이었다. 호텔 입장이 처음이었던 동료는 호텔을 굉장히 문턱 높은 곳으로 생각했다. 자신의 화려하지 않은 옷을 보니 더 위축이 된 모양이었다. 촌스러워도 너무 촌스러웠다. 비싼 식사권을 버릴 수도 없는 노릇이라 우리는 그냥 눈 딱 감고 들어가기로 했다. 그런데 호텔은 상상했던 것만큼 문턱 높은 곳이 아니었다. 수수하게 차려 입은 우리를 내쫓지도 않았다. 오히려 친절하게 대해 주었다. 우리는 호텔에서 특별히 제작한 케이크까지 선물로 받은 후 나왔다.

호텔 하면 아직도 그때의 우리처럼 겁부터 먹는 사람이 있을 것이다. 하지만 사람 사는 곳은 어디나 비슷하다. 호텔이라고 해서 특별하지는 않다. 단, 돈이 많이 들 뿐.

그런데 신라호텔 조각공원은 무료로 즐길 수 있다. 삼성문화재단과 에버랜드, 가나화랑이 조성해 조형물들의 작품성도 뛰어나다. 산책길을 따라 비치되어 있는 조각 작품들을 보고 있으니 마치 갤러리에 온 듯한 기분이 든다. 88올림픽을 앞두고 1987년 호텔 부지에 조성한 이곳은 사적 제10호로 지정된 서울성곽 바로 옆에 위치한다.

작품 「두사람」

트레이닝복을 입었다고 내쫓는 사람도 없다.
한 시간을 있든 두 시간을 있든 모두 자유다.

작품「피리부는 여인」　　작품「초상 Ⅱ」　　작품「나무로부터 Ⅲ」

　　신라호텔 조각공원을 돌다 보면 조각공원을 찾아온 사람보다 서울 성곽을 걷기 위해 지나는 사람이 더 많은 것을 알 수 있다. 600년 역사를 품고 있는 서울 성곽 자체가 훌륭한 작품이 된다.

　　신라호텔 조각공원은 강대철 작가의 〈나무로부터 Ⅲ〉라는 작품부터 시작한다. 이곳에서 제일 좋아하는 작품은 홍순모 작가의 〈기다리는 사람들〉이다. 누군가를 기다리는 세 사람의 표정이 정말 리얼하다. 기다리다 지쳐 짜증이 날 것 같은 표정에서 그 마음까지 느껴진다. 유영교 작가의 〈두 자매〉와 〈모녀상〉에서는 가족의 모습이 느껴진다. 아름다움과 여유가 동시에 느껴지는 백현옥 작가의 〈피리부는 여인〉도 좋아한다. 참고로 〈피리부는 여인〉이 위치한 곳에서는 신라호텔 영빈관 뒤뜰이 바로 보이는데 호텔 뒤뜰이라 그런지 그 모습이 참 아름답다. 영빈관은 물론 뒤뜰도 하나의 작품으로 보인다.

서울성곽

여유로운 산책길

    신라호텔 조각공원에 있는 작품들은 어느 하나 눈에 안 들어오는 것이 없다. 중견작가 40여 명이 만든 70여 점의 작품들은 한 작품 한 작품 유심히 보게 만드는 마력을 지녔다.
    공원에 잔잔하게 흐르는 음악 때문인지 작품이 더 아름답게 다가오는 이곳에서의 시간은 이렇듯 느리게 흐르고 여유롭다.

작품「기다리는 사람들 - 85」

공원에 잔잔하게 흐르는 음악 때문인지 작품이 더 아름답게 다가온다. 이곳에서의 시간은 이렇듯 느리게 흐르고 여유롭다.

혼자 걸어야 제 맛인 산책길

● '그대 자신의 영혼을 탐구하라. 다른 누구에게도 의지하지 말고 오직 그대 혼자의 힘으로 하라. 그대의 여정에 다른 이들이 끼어들지 못하게 하라. 이 길은 그대만의 길이요, 그대 혼자 가야할 길임을 명심하라. 비록 다른 이들과 함께 걸을 수는 있으나 다른 그 어느 누구도 그대가 선택한 길을 대신 가줄 수 없음을 알라.' 인디언 격언이다.

혼자 있는 시간을 즐길 줄 알고 혼자서 해결하는 능력을 갖추는 것은 곧 행복을 배우는 길이다. 나 홀로 여행은 사람을 즐겁게 만들고 강하게 만든다.

내가 행복해야 가족이 행복하다는 말이 있다. 이 말은 즉 내가 행복해야 주위 사람들도 행복해진다는 말이 된다. 자연, 미술, 음악이 함께 하는 신라호텔 조각공원은 긍정적인 에너지를 내뿜는 곳이다. 이곳에 몸을 담그면 자연스레 그 에너지가 몸 안으로 흡수된다.

추천 맛집

카페6269
다양한 커피는 물론 담백한 갈릭소스와 신선한 야채가 조화를 이룬 샌드위치도 판매한다. 실내가 비교적 넓고 야외에도 테이블이 마련되어 있다. 점심시간에 가면 조금 붐비지만 그 외의 시간에는 자리에 여유가 있다.
주소 서울시 중구 장충단로 170
전화 02-2274-6269
위치 지하철 3호선 동대입구역 3번 출구에서 도보 3분

책 읽기 좋은 벤치   작품「무제」

TRAVEL STORY

나 홀로 여행을 위한 준비물,
외로움을 없애 주는 향수

"행복이란 향수와 같아서 먼저 자신에게 뿌리지 않고는 다른 사람에게 향기를 발할 수 없다."라는 말이 있다.

향수는 긴장된 마음을 풀어주고 마음을 여유롭게 한다.

공부하기 위해 일본으로 떠나던 날, 친구들은 내게 다양한 선물을 건넸다. 그중 아직도 기억에 남는 선물이 바로 향수이다. 작고 예쁜 병에 담긴 향수는 프랑스산이었고 한 번 뿌리면 향기로운 향이 종일 지속했다.

공부하러 가는 사람에게 향수라니뜻밖이라고 생각했지만, 이국에서 그 향수는 놀라운 마력을 드러냈다. 한여름 오사카에 도착했을 때 한국에서 느끼지 못했던 습기가 오사카를 뒤덮었다. 그해 여름 나는 선물로 받은 향수를 늘 뿌리고 다녔다. 향기로운 향은 늘 나의 기분을 상쾌하게 만들어 주었고, 마음을 안정시켜 주었다. 그 무더웠던 여름, 단 한 번도 불쾌지수를 느끼지 못했던 것은 전적으로 향수 덕분이었다.

예부터 향을 피우는 것은 부정을 없애는 행위였다. 정신을 맑게 하여 천지신명과 연결하는 통로라고 생각하여 제사 때나 종교 의식에도 널리 쓰였다. 실제로 향은 우리가 생각하는 것 이상의 능력을 가졌다. 아기 예수가 탄생했을 때 동방 박사가 선물했다고 알려진 유향은 진정 작용을 하여 불안을 없애는 데 효과가 있다고 한다. 페퍼민트 향은 편두통을 완화시키는 데 도움을 주며 재스민 향은 스트레스 해소에 도움을 준다.

나 홀로 여행에 꼭 필요한 준비물을 말하라고 한다면 나는 단연 향수를 꼽고 싶다. 라벤다 향, 레몬 향, 팔마로사 향 등은 외로움 해소는 물론 기분까지 좋게 한다. 좀 다른 말이지만 아름답고 행복한 향을 가진 향수를 뿌리면 정말 나에게서 아름답고 행복한 기운이 솟아난다. 한국으로 돌아와서 나는 한동안 향수병에 시달렸다. 일본에 갈 때 선물 받은 향수를 구하기 위해 한동안 헤매고 다녔다. 가까스로 향수를 구했지만 나는 금방 실망했다. 일본에서 맡은 그 향이 아니었기 때문이었다. 분명히 같은 병에 담긴 향수였고 같은 브랜드의 제품이었다. 아마도 그때의 상황과 나의 마음이 후각까지 변화시킨 게 아닐까 하는 생각이 들었다. 하지만, 아직도 그때 맡은 향수는 나의 기억 한 구석에 남아 있다.

나 홀로 여행에 함께하는 향수도 그러할 것이다. 좋은 향은 나 홀로 여행을 즐겁게 만들고 아름답게 기억하게 한다.

혼자 걸어도 아늑한 **산책 길**

Part 2

몽촌토성길 | 남산 산책 코스 | 율동공원 | 물향기수목원 | 아차산 생태공원 |
낙산공원길 | 부암동 | 서래마을, 서래 올레길 | 서울숲 | 양재천

| LANDSCAPE | **WALK** | TRADITION | REST | MOUNTAIN | MARKET |

001

고대 백제 유적지 아름다운 자연 속

몽촌토성길

올림픽공원은 43만 평의 아름다운 자연 녹지에 올림픽 기념 조형물과 야외 조각 작품, 고대 백제의 유적지인 몽촌토성 등이 조화를 이룬 공원이다. 올림픽공원은 워낙 넓기 때문에 구간별(관광 명소)로 지하철역과 출구 번호가 다르다. 지하철 5호선 올림픽공원역 3번 출구에 내리면 올림픽홀, 올림픽체조경기장으로 갈 수 있고, 지하철 8호선 몽촌토성역 1번 출구에 내리면 소마미술관, 세계평화의 문 등으로 갈 수 있다.

● 요즘은 들판과 바다를 한눈에 볼 수 있는 제주도 올레길, 주변의 자연은 물론 다양한 전통문화를 보고 체험할 수 있는 지리산 둘레길이 유행이다. 이처럼 사람들은 보고 느끼면서 걸을 수 있는 곳을 찾아 긴 여정을 마다하지 않고 떠난다. 서울에도 걷기 좋은 길이 있을까? 많다! 그중 몽촌토성 길은 미술관, 역사 유적지 등 다양한 볼거리가 있고 아름답기까지 하다. 뉴욕처럼 화려하고 바쁘게 돌아가는 도시에도 걷기 좋은 센트럴파크가 있듯, 서울에는 올림픽공원이 있고 그 안에는 숨은 보석 같은 몽촌토성 길이 있다.

Info.

주소 서울 송파구 올림픽로 426
전화 02-410-1114
시간 05:00 ~ 22:00
요금 무료
교통 **승용차** 잠실대교에서 잠실 방향 우회전 → 잠실 사거리 → 송파구청, 올림픽공원 방향 좌회전 후 직진 → 올림픽공원
대중교통 지하철 5호선 올림픽공원역 3번 출구 또는 지하철 8호선 몽촌토성 역 1번 출구

홈페이지 www.olympicpark.co.kr

몽촌역사관 근처에 있는 조각상. 조각 작품들과 벤치가 놓여 있어 앉아서 책을 읽거나 쉬기에 좋다.

한국의
센트럴파크

올림픽공원 내에 있는 조각상

● 뉴욕은 개인의 취향을 존중해 주며 자신의 꿈을 이루기 위해 열심히 사는 사람들이 사는 도시 같다. 적어도 내가 상상하는 뉴욕은 그렇다. 또 우리는 뭔가 특별한 것을 원할 때 뉴욕을 외친다.

내가 아는 잡지 편집장은 뉴욕이란 단어를 입에 달고 살았다. "뭔가 뉴요커다운 모습 없어?", "뉴욕풍으로 해 봐!" 그런데 그는 뉴욕에 가본 적이 없고, 늘 이렇게 중얼거렸다. "아마 뉴욕은 이런 느낌일 거야."

나도 그녀처럼 '뉴욕'에 대해 환상을 가지고 있다. 내게 뉴욕병을 심어 준 것은 드라마도 아니고 영화도 아니다. 단 한 장의 사진이 내게 뉴욕에 대한 상상의 나래를 펼치게 했다. 멋진 트레이닝복을 입고, 귀에 이어폰을 꽂은 채 푸른 잔디밭을 달리는 한 여자가 나를 뉴욕으로 불러들였다. 내게 뉴욕이란 도심속 공원인 센트럴파크(Central Prak)였다. 드높은 빌딩과 멋진 옷을 입은 뉴요커는 나의 선망의 대상이 아니었다. 나는 음악을 들으며 자유롭게 혼자서 조깅을 하고 싶었다. 그러던 나는 한국에서, 그것도 내가 사는 서울에서 이 환상 속의 장소를 만나게 되었다.

서울의 올림픽공원은 뉴욕의 센트럴파크와 닮았다. 두 공원 모두 영화와 드라마에 자주 등장하고, 공원 내에 호수와 산책로가 있어서 자전거를 타거나 여유를 만끽하고자 하는 도시인들로 늘 붐빈다. 그런데 올림픽공원에는 센트럴파크에 없는 것이 더 있다. 바로 고대 백제 시대의 토성인 몽촌 토성이다.

과거, 현재, 미래가
공존하는 길

● 　　　　　　몽촌토성 길은 세계 5대 조각 공원으로 꼽히는 올림픽공원에 있다. 몽촌토성 길을 품고 있는 올림픽공원은 지난 1984년 '제10회 아시아게임'과 1988년 '제24회 서울올림픽대회' 개최를 위해 착공한 공원이다. 공원 내에는 초기 백제 시대 유물이 전시된 몽촌 역사관, 서울올림픽 대회의 감동적인 순간을 기록한 서울올림픽 기념관 등 다양한 볼거리가 있다. 특히 66개국의 세계적인 현대 조각·조형 작가에 의해 제작된 200여 개의 조각 작품이 전시되어 있어 예술적인 분위기를 풍긴다. 일 평균 16,000명이 올림픽공원을 이용하는데, 워낙 넓어 사람들로 인한 불편함은 거의 느낄 수 없다.

사적 제297호로 지정된 몽촌토성은 한성 백제 시대의 토성으로 북쪽으로부터의 침공에 대비한 방어용 성이었다. 이곳에서 움집터, 독무덤, 저장구덩이 등을 비롯해 낚싯바늘, 돌절구 등 많은 백제 시대의 유물이 출토되었다.

몽촌토성 길은 천천히 걷기에 좋은 산책길이다. 올림픽공원 내에는 산책길이 몇 군데 있는데 그중 몽촌토성 길이 제일 예쁘다. 서울에서는 보기 드물게 흙을 밟으며 걸을 수 있는 곳으로, 문화재보호법에 따라 우레탄으로 교체할 수 없는 곳이다. 산책길을 따라 걷다 보면 그림처럼 예쁜

올림픽공원에 있는 설치 미술품. 작품명은 '개의 세계'이다.

01, 02 몽촌토성 길에 있는 소마 미술관 **03** 몽촌 역사관 근처에 있는 작품

혼자 떨어져있는 '왕따 나무'. 그 모양이 아름다워 영화, 드라마 촬영지로 인기가 많다.
혼자만의 시간을 갖고 혼자 여행을 떠나는 것은 자신을 더욱 견고하고 아름답게 한다.

나무가 보인다. 다른 나무들은 모여 있는데 이 나무만 혼자 떨어져 있어 '왕따 나무'로 불린다. 그 모양이 아름다워 영화, 드라마, CF 등에도 많이 출연하였으며 사진 촬영지로도 인기가 많다.

몽촌토성 길을 걸으면서, 자유와 열정은 태평양 너머 뉴욕에 있는 것이 아니라, 마음만 먹으면 언제라도 갈 수 있는 가장 가까운 곳에 있음을 깨달았다.

나는 지금도 뉴욕병이 도질 때면 몽촌토성 길을 찾는다. 사진에서 본 뉴요커처럼 트레이닝 복을 입고, 귀에는 이어폰을 꽂고 걷는다. 음악을 들으며 보는 푸른 잔디와 아름다운 작품들은 나의 뉴욕병을 어루만져 준다. 어쩌면 내가 사랑한 것은 뉴욕이 아니라 뉴욕이라는 이름이 주는 자유와 여유였는지도 모른다.

추천 맛집

포메인

올림픽공원 남3문으로 나오면 쌀국수 전문점 포메인이 있다. 쌀국수, 월남쌈, 스페셜 누들, 스페셜 라이스, 음료 등을 판매한다. 분위기가 이국적이고 깔끔하여 여유롭게 식사를 즐길 수 있다.

위치 올림픽공원 남3문에서 길 건너
시간 10:00~23:00
주소 서울시 송파구 위례성대로 38 해태빌라트 1층
전화 02-6243-3003

| LANDSCAPE | WALK | TRADITION | REST | MOUNTAIN | MARKET |

002

서울의 명소 깨끗하고 아름다운

남산 산책 코스

장충단공원에서 출발하는 남산 산책 길은 지하철 3호선 동대입구역 6번 출구로 나오면 바로 연결된다. 02번 마을버스를 이용해서 남산 산책길로 가고 싶다면 장충단공원 수표교 옆으로 가고, 걸어서 가고 싶다면 장충단 공원 끝 부분에 위치한 남산공원 관리사업소 장충분소 옆으로 난 길을 이용한다. 남산공원 관리사업소 장충분소 옆에 있는 남산 산책로는 울창한 나무로 둘러싸여 있어 산책에 남다른 즐거움을 주는 것은 물론 주중에도 지나다니는 사람들이 많아 혼자 걷기에 무난하다.

● "나에겐 두 명의 주치의가 있다. 왼쪽 다리와 오른쪽 다리다." -영국 역사가 트리벨리언 -

"진정으로 위대한 생각은 걷는 동안에 나온다." -독일 철학자 니체-

『걷기 예찬』을 쓴 다비드 르 브르통은 걷기는 삶의 불안과 고뇌까지 치료한다고 말한다. 걸어본 사람들은 그의 말이 옳다는 것을 안다. 내게 걷기는 단순한 육체 운동이 아니다. 마음 속의 화나 불안까지도 치료해 주는 심리 카운슬러이다.

남산 산책 길. 울창한 나무로 둘러싸여 있어 걷기에 좋다.

Info.

위치 서울시 중구와 용산구 경계
전화 02-3783-5900
시간 연중무휴
요금 무료
교통 **승용차** ❶ 한남대교 → 북한남 삼거리에서 우회전 → 국립극장 사거리에서 좌회전→국립극장 주차장에 차를 세워 둔 후 시내버스를 이용하거나 도보로 이동
❷ 서울역 → 남대문 → 힐튼호텔 → 남산도서관 앞에서 비보호 좌회전
대중교통 ❶ 지하철 3호선 동대입구역 6번 출구 → 장충단공원 → 남산 산책로(남산공원 관리사업소 장충분소 옆으로 들어가는 계단 이용
❷ 지하철 3호선 동대입구역 6번 출구에서 02번 시내버스 이용 → 남산 북측 순환로 입구 하차
홈페이지 parks.seoul.go.kr/template/default.jsp?park_id=namsan

신이 내린 선물 걷기

언젠가 스트레스와 만성피로로 심신이 지친 때가 있었다. 당시 나는 피로를 덜 느끼기 위해 될 수 있으면 몸을 움직이지 않았다. 그런데 우연히 걷기를 시작한 후로 내가 했던 대처는 최악의 대처였음을 알게 되었다. 일 때문에 억지로 걷기를 시작했지만, 지금은 몸과 마음의 건강을 위해 시간을 내서 걷고 있다. 한 걸음씩 땅을 밟을 때마다 마음속에선 화가 빠져나오고 몸은 갈수록 가벼워졌다. 그 후 나는 불만과 우울증에 시달리는 사람들을 만나면 무조건 걸으라고 조언한다.

남산 도서관 옆에 있는 작은 공원. 예쁜 꽃으로 꾸며져 있다.

남산은 서울 도심에 있다. 가까이에 서울역이 있어 서울 시민은 물론 지방에 사는 사람들도 관광 삼아 찾을 만큼 대중적인 곳이다. 도심 한가운데 있지만, 도시를 닮지 않았다. 도시에선 보기 어려운 꿩, 다람쥐 등 산짐승이 살고 있으며 공기 또한 청명하다. 그래서 여행 마니아들은 걷기 좋은 곳으로 남산을 꼽는다.

남산 산책 길은 한 곳이 아니라 몇 곳으로 나뉘어져 있고 걷기에 불편함이 없을 정도로 잘 정돈되어 있다. 데이트를 즐기러 나온 연인부터 이제 막 걷기 시작한 아이까지, 세대를 아우르는 걷기 명소이다. 남산 산책 길 주변에는 명동, 국립극장, 안중근 의사 기념관, 장충단 공원, 한옥마을 등 볼거리도 많아 산책에 즐거움을 더한다.

특히 삼순이 계단은 MBC 인기 드라마 〈내 이름은 김삼순〉의 엔딩 장

삼순이 계단. 드라마 〈내 이름은 김삼순〉의 엔딩 장면을 촬영했다.

남산 팔각정. 옛날 국사당이 있던 자리

MBC 인기드라마 〈내 이름은 김삼순〉의 엔딩 장면을 촬영한 삼순이 계단

추천 맛집

더 키친

지하철 3호선 동대입구역 6번 출구로 나와 동국대학교로 들어가면 서희 라운지에 모라 더 키친이 있다. 대학교 안이라 그런지 나 홀로 식사를 하며 공부를 하거나 독서를 즐기는 젊은이들이 많다. 샌드위치, 햄버거, 파스타, 피자 등을 판매한다.

위치 지하철 3호선 동대입구역 6번 출구에서 도보 5분
전화 02-2271-2436

면을 촬영한 장소로 유명한데, '남산의 또 다른 모습을 볼 수 있는 관문이다. 삼순이 계단을 따라 올라가면 안중근 의사 기념관과 지구촌 민속 교육 박물관, 남산도서관이 나온다. 남산 산책을 따라 걸어 가도 되고 02번 마을버스를 타고 교육 연구 정보원에서 하차해도 만날 수 있다.

또한, 남산의 상징이라 할 수 있는 팔각정은 원래 국사당이 있던 자리다. 조선을 세운 태조 이성계는 이곳에 나라의 평안을 비는 제사를 지내는 용도로 국사당을 지었다. 하지만 1925년 남산 중턱에 일제의 신사가 세워지면서 국사당은 인왕산으로 옮겨졌다. 그 자리에 지어진 팔각정은 남산공원의 상징으로 관광객들이 즐겨 찾는 쉼터로도 유명하다. 주변에는 역사적 유물인 봉수대가 있다.

남산에 올라서면 서울 시내가 한눈에 보인다. 대한민국 젊은이라면 누구나 입사하고 싶은 대기업도 있고, 성공의 상징인 고급 자동차도 있다. 하지만, 전혀 부럽지 않다. 나는 내가 원할 때마다 이렇게 남산 곳곳을 누빌 수 있으니 말이다.

걷기는 신이 인간에게 준 가장 좋은 선물이다. 몸이 아프거나 마음이 괴롭다면 신이 주는 선물을 받아야 한다. 나는 요즘도 가끔 음악을 들으며 혼자서 남산을 걷는다.

호수를 가까이서 볼 수 있는 산책로

Info.

주소 경기 성남시 분당동 문정로 145
전화 031-702-8713
시간 연중무휴
요금 무료
교통 승용차 경부고속도로 판교 나들목 → 서현역 방향 → 율동공원
대중교통 지하철 분당선 서현역 2번 출구에서 율동공원 방향 버스 이용 → 율동공원 하차

003

자연 호수 공원
혼자 걸어도 멋진

율동공원

율동공원 안에는 매점, 식당, 카페가 부족하니 음료 등은 미리 챙겨 가는 것이 좋다. 무료로 운영되는 책 테마파크는 월요일에는 휴관을 하니 이 점을 기억해 두자. 율동공원 산책길은 우레탄으로 되어 있어 걷기에 부담이 덜하다. 하지만 길이 꽤 긴 편이니 구두, 슬리퍼 등 불편한 신발은 피하는 것이 좋다.

●   "자, 손목 힘 빼고, 다리 힘 빼고 이렇게 리듬을 타 봐.", "몸을 그냥 음악에 맡겨 봐." 어릴 적 춤을 가르쳐 주던 친구가 몸치인 내게 했던 말이다. 춤을 정말 잘 추었던 그 친구는 춤에 대해 특별한 기술을 가르쳐 주지 않았다. 그녀는 늘 리듬을 타라는 말만 되풀이했다. 나는 그게 참 불만이었다. 특별한 그 무엇인가를 바랬던 나는 실망했고 결국 춤추는 것을 포기했다. 그런데 세월이 흘러 그 친구의 말이 옳았음을 알게 되었다. 춤도 인생도 리듬을 타면 훨씬 더 행복해진다. 꿈, 열정, 희망에 그냥 모든 것을 맡기면 된다.

꿈을
선택한 길

● 성공한 이들의 이야기를 듣다 보면 공통점이 있다. 그들은 일보다 꿈을 선택했다. 행복한 인생을 사는 이들에게도 비슷한 공통점이 있다. 그들은 돈보다 자신의 꿈을 선택했다.

내게 율동공원 산책은 단순한 산책이 아니었다. 잠시 쉬고 싶은 마음에 일과 돈을 포기하고 여유와 꿈을 좇아 선택한 길이었다. 율동공원은 이런 나의 선택에 보답이라도 하듯 많은 아름다움을 보여주었다.

가장 먼저 나의 눈과 마음을 사로잡은 곳은 국내 최초의 책 테마파크였다. 책을 읽는다는 개념에서 벗어나 체험하고 느끼고 경험할 수 있는 창조적인 공간이었다. 주변은 깨끗한 잔디와 아름다운 조각 작품들로 잘 꾸며져 있고, 내부로 들어가면 독서는 물론 인터넷을 무료로 이용할 수 있는 공간도 있어 쉬어 가기에 안성맞춤이었다. 그곳에서 잠시 휴식을 취한 후 본격적으로 호수를 기점으로 율동공원을 걸었다.

율동공원에 왔음을 알려주는 표지석

율동공원은 꽤 넓었지만 다채로운 볼거리와 푸른 잔디가 곳곳에 있어 혼자 걸어도 지루하지 않았다. 특히 1960년대에 만들어진 넓은 호수는 보는 것만으로도 마음에 여유를 준다. 공원은 이 넓은 호수를 중심으로 형성되었다. 호수 주변에는 갈대밭도 있고 번지점프장도 있고, 산책길도 있어서 혼자서 보고, 체험하고, 느낄 수 있는 다양한 즐거움이 가득했다.

행복한 인생을 사는 이들에게는 공통점이 있다.
이들은 돈보다 자신의 꿈을 선택한다..

01 책 테마파크 건물 외관 02 야외 조각 전시장에 있는 한국 작가의 작품 03 야외 조각 전시장에 있는 작품. 의자로 되어 있어 옆에 앉아 사진을 찍기에도 좋다.

나 홀로 여행을 결심했을 때 나는 두 가지 갈림길에 서야 했다. 그 길에서 혼자서 즐길 수 있다는 나와 혼자서는 도저히 용기가 나지 않는다는 나를 만났다. 나는 그때 혼자서 즐길 수 있다는 나를 선택했다. 그 결과 나는 혼자서도 아름다움을 볼 수 있었고 과거에는 느낄 수 없었던 행복도 느낄 수 있었다.

추천 맛집

전주 콩나루 콩나물 국밥집

새마을 중앙연수원 입구에서 율동공원으로 향하는 길과 지하철 분당선 서현역 1, 2번 출구(AK 백화점 게이트 4번)에 식당들이 모여 있다. 특히 서현역 1, 2번 출구엔 혼자 가볍게 먹을 수 있는 분식집들이 많은데, 전주 콩나루 콩나물 국밥집이 괜찮은 편이다. 메뉴로는 전주 콩나물 국밥(6,000원), 전주 콩나물비빔밥(6,000원), 숙성 오모리찌개(6,000원)가 있다.

위치 AK 백화점 게이트 4번 출구 왼편으로 음식점이 모여 있는 작은 골목에 있다.
시간 06:00~23:00
전화 031-702-6611

분재원에 있는 작은 연못.

Info.

주소 경기 오산시 청학로 211
전화 031-378-1261
시간 09:00 ~ 18:00(3월 1일 ~ 10월 31일) / 09:00 ~ 17:00(11월 1일 ~ 2월 28일) / **휴관** 매주 월요일
요금 성인 1,000원, 청소년 700원, 어린이 500원
교통 승용차 ❶ 1번 국도(오산 방향) → 병점 → 세마대 → 오산대역 앞에서 우회전(수목원과 오산대역이 마주 보고 있다)
❷ 1번 국도(수원 방향) → 송탄 → 오산 → 오산천(은계교)지난 후 3km 지점, 고가 끝나는 곳에서 좌회전(우측에 오산대 전철역 있음)
대중교통 지하철 1호선 오산대역 2번 출구에서 도보 5분
홈페이지 mulhyanggi.gg.go.k

| LANDSCAPE | **WALK** | TRADITION | REST | MOUNTAIN | MARKET |

004

올라가는 쉼터
행복 지수가

물향기수목원

지하철 1호선 오산대역 앞에 튀김을 파는 포장마차가 있고, 지하철역 내부에 작은 매점만 있을 뿐 물향기수목원 내에는 든든한 한 끼를 먹을 수 있는 음식점이 없다. 특히 물향기수목원 내에서는 음료 자판기도 찾기 힘드니 식수는 꼭 챙겨 가는 것이 좋다.

● "무슨 재미로 혼자 다녀요?" 이런 질문을 던지는 사람에게 나는 물향기수목원을 추천한다. 물향기수목원은 혼자 가야 제맛이다. 물향기수목원에서 조용히 산책을 즐기다 보면 혼자 오기를 잘했다는 생각이 문득문득 든다. 자연이 전해주는 향기를 맡으며 아름다운 자연을 보고 걷노라면 사람에게 힘을 주는 것은 비단 사람만이 아니라는 생각이 든다. 인생의 동반자는 사람뿐 아니라 자연, 동물, 음악, 미술도 될 수 있다.

물과 나무,
인간의 조화로운 만남

● 물향기수목원은 식물을 수집, 보존, 관리, 연구하는 곳이다. 상업적 목적으로 만들어진 일반 유원지나 식물원과는 달리 식물 중심의 자연 친화적인 곳이다. 그래서 2000년부터 조성을 시작하여 식물이 뿌리를 내리고 자리를 잡는 데 필요한 시간을 충분히 보낸 후 2006년에 개원했다.

물향기수목원에는 신나는 놀이기구나 화려한 볼거리는 없지만 그렇다고 고리타분하거나 지루하지 않다. 물향기수목원을 구성하고 있는 많은 종류의 나무와 풀만으로도 몸과 마음에 신선한 기운을 느낄 수 있다. 오로지 자연으로만 구성된 물향기수목원이야말로 자연의 위대함을 실천하는 곳이다.

나는 물향기수목원 입구에 들어서자마자 어디부터 가야할지 고민에 빠졌다. 물향기수목원은 '물과 나무, 인간의 만남'이라는 주제 아래 습지 생태원, 수생식물원, 소나무원, 단풍나무원, 미로원, 토피어리원, 무궁화원, 유실수원, 숲 속 쉼터, 곤충 생태원 등으로 구성되어 있는데 그 규모가 상당하다.

입구로 들어서면 제일 먼저 만경원이 보인다. 만경원은 덩굴성 식물로 구성되어 있는데 안으로 들어서면 작은 동굴에 들어온 것 같은 기분이 든다. 만경원을 지나니 식물을 인공적으로 다듬어 놓은 토피어리원이 나타났다. 거북이, 새 모양을 하고 있는 나무를 보니 마치 동화 속 나라에 들어와 있는 듯한 기분이 들었다. 독특한 분위기 때문인지 토피어리원은 물향기수목원 내에서 인기가 많은 편이었다. 토피어리원 바로 옆에는 미로원이 있었다. 물향기수목원은 규모가 상당히 크지만 길을 따라 걸으면 헤매지 않고 즐길 수 있다. 물향기수목원의 미로원은 나무로 구성되어 있었다. 길 주변이 모두 높은 나무로 채워져 있어 숲 속에 갇힌 기분이 들기도 한다.

만경원과 토피어리원, 미로원이 동화 속 세상에 와 있는 기분을 느끼게 하는 곳이라면 습지생태원은 밀림에 와 있는 기분을 느끼게 하는 곳이었다. 나무로 만들어진 길을 따라 걸어 들어가면 울창한 숲이 보인다. 숲에서 뿜어져 나오는 공기와 기운이 강해서 피톤치드(phytoncide)가 몸속까지 감싸는 것처럼 느껴졌다.

물향기수목원 입구 모습

미로원에 왔음을 알려주는 표지석

도시에서는 길을 잃어버리면 무섭고 두려운 생각이 들지만, 물향기수목원에서는 발 닿는 곳마다 싱그러운 자연과 조우할 수 있어 오히려 설렌다. 자연을 더 오래 볼 수 있고 그 충만한 기운을 느낄 수 있기 때문에 오히려 다행이라는 생각이 들 것이다.

"자연은 친절한 안내자이다. 현명하고 공정하며 상냥하다."라고 말한 프랑스 사상가 미셸 드 몽테뉴의 말처럼 자연으로 둘러싸인 물향기수목원은 혼자 걷는 나를 외롭지 않도록 상냥하게 이끌어주었다.

01 분재원 내 연못에 떠 있는 연꽃 02 물방울 온실 외관 03 습지 생태원에 비치된 벤치 04 물방울 온실 내부

아랍 속담에 까마귀에게 길을 안내해 달라면 개가 죽어 있는 곳으로 데려간다는 말이 있다. 행복한 인생을 즐기기 위해 돈, 명예, 성공만 좇으면 경쟁과 스트레스만 만나게 된다. 행복으로 가는 길은 자연에 물어야 한다. 자연은 친절한 안내자인 사람의 물음에 상냥하게 답을 주고 방향을 제시해 준다.

추천 맛집

길거리 군것질

물향기수목원 안과 밖에는 식당이 없다. 핫도그, 어묵 등 간단한 먹을거리를 판매하는 작은 노점이 있는 정도이다. 광대한 수목원을 둘러면 무엇보다 밥 심이 있어야 한다. 그러니 빵이나 김밥 등 간단한 음식을 싸서 가거나 미리 든든히 식사한 후 물향기수목원으로 가는 것이 좋다. 음료수 자판기도 찾기 어려우니 물이나 음료도 꼭 챙기는 것이 좋다.

위치 지하철 1호선 오산대역 2번 출구에서 도보 1분

| LANDSCAPE | **WALK** | TRADITION | REST | MOUNTAIN | MARKET |

005

산책길 피로회복제 같은

아차산생태공원

아차산에 있는 사찰인 영화사(永華寺)를 지나면 해맞이광장으로 들어가는 입구가 제일 먼저 반긴다. 길이 잘 닦여 있어 언뜻 보기에는 쉬워 보이지만 안으로 들어갈수록 길을 잃기 쉽다. 산책하듯 아차산을 걸은 후 아차산생태공원까지 무난하게 가고 싶다면 동의초등학교 방향으로 돌아가는 것이 좋다.

● 　　　　자전거를 잘 타기 위해서는 수백 번 넘어지고 누구의 도움 없이도 혼자 앞으로 나아가야 한다. 수영도 마찬가지다. 많은 물을 마시고 물에 대한 공포를 이겨내야만 제대로 헤엄칠 수 있다. 처음부터 잘하는 사람은 아무도 없다. 나 홀로 여행도 마찬가지다. 처음에는 누구나 힘들다. 혼자 있는 것을 좋아하고, 혼자 다니는 것을 좋아하는 나도 나 홀로 여행을 즐겁게 느끼기까지는 오랜 시간이 걸렸다.

Info.

주소 서울시 광진구 광장동 370번지 일대
전화 02-450-1192
시간 연중무휴
요금 무료

교통 승용차 ❶ 올림픽대교 북단(광장역 사거리)에서 아차산역 방향으로 100m 우측 길 진입 → 광장중학교 앞 좌회전 굴다리터널 지나 직진 → 정립회관에서 100m 전방 삼거리에서 좌회전 → 50m 우측으로 아차산 주차장
❷ 천호대교 북단 → 광나루역 사거리에서 아차산역 방향(어린이대공원 후문)으로 직진 → 삼일 주유소 앞에서 우회전 → 직진해 오다가 우회전 → 영화사 → 동의초등학교 앞에서 좌회전 → 아차산 주차장

대중교통 ❶ 지하철 2호선 구의역 1번 출구 → 03번 마을버스 이용 → 영화사 입구 하차
❷ 지하철 5호선 광나루역 1번 출구 → 광장중학교 → 광장초등학교 앞에서 좌회전 → 아차산생태관찰로 → 아차산생태공원
❸ 지하철 5호선 아차산역 2번 출구 → 영화사 → 동의초등학교 → 아차산 주차장 → 아차산생태공원

홈페이지 www.gwangjin.go.kr/achasan

길을 찾고, 혼자 걸으며 그렇게 면역력을 키운 이들은
혼자만의 시간이 왔을 때 적어도 방황은 하지 않는다.

산책은 피로 해소제이다

　　　　　　　　　혼자 산책하고 여행을 떠나는 게 부담스럽다면 일단 장소 선택부터 다시 해 보자. 혼자서 즐기기를 잘하는 고수들은 다른 사람들의 시선을 의식하지 않고 나 홀로 영화관도 가고, 놀이공원도 간다. 하지만 혼자 시간을 보내는 게 익숙하지 않은 사람들은 주위의 시선을 의식하며 피해 다닌다.

　나 홀로 여행에도 전략이 필요하다. 혼자서 처음으로 식당에 가면서 로맨틱한 분위기가 나는 곳이나 사람이 많은 곳을 선택했다면, 두 번 다시 혼자 나서는 것을 꿈꾸지 못할 수도 있다. 혼자하는 여행에 익숙하지 않은 사람이라면 그 첫걸음을 산에서 시작하는 것이 좋다. 산에는 홀로 다니는 사람들도 많고, 또 올라가느라 힘들어 다른 사람을 신경 쓸 틈이 없다.

　서울시 광진구와 경기도 구리시 사이에 있는 아차산은 남쪽을 향해 불뚝 솟아오른 산이라 하여 과거에는 남행산이라고도 불렸다. 해발 285m로 산 위에 올라서면 서울 도심이 한눈에 보인다. 그리 험하지도, 높지도 않기에 혼자 오르기에도 적당하다. 등산한다는 느낌보다는 산책한다는 느낌이 든다.

　아차산 바로 옆에 있는 아차산생태공원은 서울시의 환경 도시 정책에 의해 조성된 곳으로 아차산 등산로 입구의 경사진 지형에 있다. 자생식물원, 나비정원, 습지원, 황톳길, 소나무 숲, 약수터, 지압보도 등으로 구

아차산 산책길. 아차산의 모든 산책길은 깨끗하고 단정해서 나 홀로 여유롭게 산책할 수 있다.

아차산. 아차산은 돌과 나무로 이루어져 있다.

아차산성. 아차산에서 아차산생태공원 쪽으로 걸어가다 보면 만날 수 있다.

성되어 있어 인근 주민은 물론 찾아온 이들에게 자연 친화적인 볼거리와 쉼터를 제공한다.

두 얼굴을 가진
공원이 주는 두 배의 기쁨

● 아차산생태공원은 다채로운 볼거리를 가진 곳으로 산행과 산책을 동시에 즐길 수 있다. 청동기 시대 유적이 발견되었는가 하면, 백제 산성의 흔적도 남아 있다. 게다가 온달 장군과 평강 공주 이야기의 전설 속 배경지라 더욱 주목받고 있다.

산책하다 보면 보이는 아차산성은 삼국 시대의 산성으로 사적 제234호로 지정되었다. 백제가 고구려의 침공을 받았을 때 수도를 방어하는 역할을 하였으며, 수도 한성이 고구려군에 함락되었을 때 개로왕이 아

01 아차산 계곡물. 시원하고 힘차게 흐르는 물은 보는 이들에게 시원함을 안겨 준다. **02** 아차산 약수터. 아차산에는 곳곳에 약수터가 있다.

아차산 등산로에서 바라본 전경. 약 상자에 없는 치료제가 여행이라면,
나 홀로 여행은 인생을 더욱 행복하게 해주는 예방약이다.

아차산 중턱에 세워진 고구려정. 혼자 생각하며 쉬어 가기 좋다.

01 아름다운 풍경과 함께라면 오르막도 힘들지 않다.
02 아차산 생태공원의 가을. 시민들의 쉼터로 이용된다.

추천 맛집

할아버지 손두부집

지하철 5호선 아차산역 2번 출구에서 아차산 방향으로 15분 정도 걸으면 만날 수 있는 곳으로 30년 넘는 역사를 간직하고 있다. 특히 양념간장으로 간을 한 3,000원짜리 순두부는 보기와는 다르게 속을 든든하게 해 준다. 간단하게 차려 나오니 혼자 간편하게 먹고 가기에도 좋다.

위치 등산길 초입
시간 05:00~21:00
휴관 명절
전화 02-447-6540

단성 아래에서 피살되었다고 전해지는 곳이다. 또한 온달 장군이 백제의 잃어버린 영토를 되찾기 위해 아단성 밑에서 신라군과 싸우다가 화살에 맞아 전사했다. 성벽의 높이는 외부에서 보면 10m 정도지만 내부에서 보면 1~2m이다.

오랜 역사와 이야기를 간직한 아차산생태공원의 길게 뻗은 산책길은 내게 재미와 휴식을 선사했다. 나는 코스를 미리 짜지 않고 걸을 수 있는 아차산의 길게 뻗은 산책길을 좋아하게 됐다. 1950년대까지 한강변에서 가장 아름다운 명소로 꼽힌 곳, 이승만 대통령의 별장이 있었던 곳답게 아차산 주변은 아직까지도 수려한 경치를 자랑한다.

나 홀로 여행은 인생을 더욱 행복하게 해주는 비타민이다. 혼자 길을 찾고, 혼자 걸으며 그렇게 면역력을 키운 이들은 혼자만의 시간이 왔을 때 적어도 방황하지 않고 꿋꿋하게 이겨낼 수 있다.

| LANDSCAPE | WALK | TRADITION | REST | MOUNTAIN | MARKET |

006

숨 쉬는 공원 600년 역사가

낙산공원길

낙산공원길은 경사가 심해서 구두보다는 운동화가 어울린다. 위로 올라가면 서울 성곽이 보이는데 성곽길을 따라 20여 분 걸어 내려가면 동대문시장이 나온다. 낙산공원 안에는 작은 매점이 하나 있지만 음식점은 없으니 배가 고프다면 대학로에서 미리 먹는 것이 좋다.

● 낙산공원에서는 일상으로부터 탈출한 이들이 셔터를 눌러댄다. 이곳에서는 지루할 틈도 걱정할 틈도 없다. 그러기엔 주변이 너무 아름답기 때문이다. 즐거운 추억이 만들어지고 사람이 꽃보다 아름다워지는 낙산공원은 나 홀로 여행자들에게도 천국이다. 주말에도 비교적 사람이 적어 누군가의 시선으로부터 자유롭다. 벽화로 유명한 이화마을이 근처에 있지만 낙산공원길에는 항상 한적함이 자리한다.

Info.

주소 서울시 종로구 낙산길 54
전화 02-743-7985
요금 무료
교통 대중교통 지하철 4호선 혜화역 2번 출구에서 도보 10분

발 밑에 펼쳐진 서울이 그림처럼 아름답다.

대학로가 한 눈에 보인다.

비관주의자의 눈에는
보이지 않는 행복

맥랜버흐 윌슨이라는 사람은 이런 말을 했다. "낙관주의자와 비관주의자의 차이는 단순하다. 낙관주의자는 도넛을 보지만, 비관주의자는 구멍을 본다."

낙산공원길은 마을과 서울 성곽이 함께하는 길이다. 마을도 서울 성곽도 모두 경사진 길을 올라야 볼 수 있다. 낙관주의자는 경사진 길 사이에 있는 예쁜 벽화와 운치있는 골목을 거닐며 힘든 것을 잊어버리지만 비관주의자는 다리 아프다며 모든 것을 그냥 지나쳐 버린다.

낙산공원을 방문할 때는 필히 낙관적인 마음을 챙겨야 한다. 서두르지 않고 천천히 걸으면 낙산공원이 품고 있는 장점이 다 보인다.

능선을 따라 성곽이 설치된 낙산은 궁궐 동쪽에 자리하여, 서쪽의 인왕산과 더불어 한양의 입지를 결정하는 중요한 구실을 하였다. 낙타 등을 닮아 낙타산, 조선시대 궁중에 우유를 공급하던 유우소가 위치한 산이라 하여 옛날에는 타락산으로 불리기도 했다. 지금도 보면 산의 모양이 낙타 등처럼 볼록하게 솟아올라 있다. 낙산은 산이라고 하기엔 낮고 산책길이라 하기엔 높다. 그런데 옛날에도 낙산은 가파르지 않았던 모양이다. 창덕궁, 창경궁과 가까워 조정 관원들이 낙산계곡을 중심으로 터를 잡아 살기도 하고, 근처에 정원을 꾸미거나 여가를 이용해 산책을 즐겼다고 한다. 산이 야트막하면서도 맑은 계곡물이 흘러서 아름답기로 유명한 곳이었다. 야트막한 산과 경치가 아름다운 것은 예나 지금이나

봄에는 꽃이 만발한다.

똑같다.

　600년 역사를 품고 있는 서울 성곽이 위치한 곳이라 낙산에는 볼거리가 많다. 단종비 송씨가 비단을 빨면 자주색 물감이 들었다는 슬픈 전설이 전해지는 자주동샘도 있고 조선시대 실학자인 지봉 이수광이 〈지봉유설〉을 집필한 곳으로 유명한 비우당도 있다.

　낙산공원은 대학로와 가까워 젊은이들도 많이 찾는다. 낙산공원과 대학로 사이에는 벽화마을로 유명한 이화마을도 있다.

　낙산공원과 이화마을은 주중에는 사람이 별로 없다. 유명세에 비하면 꽤 한산한 모습이다. 조용해서 혼자 걷기에 제격이다.

　걷기는 한 마디로 셀프 치료다. 혼자서도 얼마든지 할 수 있고 돈도 많이 들지 않는다. 대학로에서 시작해 낙산공원을 거쳐 동대문시장까지 2시간 걸리는데 산책 삼아 걸어 보자.

　인생이라는 길고 어두운 길을 인도하는 유일한 불빛은 위로다. 위로받지 못한 분노는 영혼에 상처를 입힌다. 스스로 위로를 받고 싶다면 걷는 게 최고다. 걷다 보면 마음이 안정되고 생각도 정리된다. 걸으면 우울한 마음, 피로감, 화, 질투, 초조감 등이 밖으로 배출되는 것 같다.

01 전시관에는 낙산의 역사가 있다. 02 낙산공원 주변 풍경
03 웃음을 자아내는 설치물 04 오래된 풍경은 이곳의 매력이다.

북한산 둘레길을 걸으면 살이 빠지고
혈당수치가 낮아진다는 말이 있는데
낙산공원을 걸으면 살이 더 빠지는 느낌이다.

가벼운 차림으로
가볍게 걸을 수 있는 곳

추천 맛집

카페 서랍
대학로에 위치한 맛집이다. 낙산공원으로 향하는 길에 위치해 있다. 이승만 초대 대통령이 거주하던 곳으로 알려진 이화장과 가깝다. 비교적 조용한 곳에 위치해 있어 여유있게 커피 한 잔을 즐길 수 있다.
주소 서울시 종로구 이화장길 12
전화 02-762-9501

● 낙산공원을 걸을 때는 치마보다는 바지가, 양복보다는 트레이닝복이 어울린다. 무얼 입을지 신경쓰지 않고 걸을 수 있는 곳이다. 입장료가 없기 때문에 주머니가 가벼워도 괜찮다. 아무래도 경사가 있는 곳이니 조금만 걸어도 지방을 태우는 느낌이 든다. 우울증도 치유하고 살도 빼고 그야말로 1석 2조가 아닐 수 없다.

솔로 지옥은 커플이 많은 곳이다. 마음먹고 나 홀로 여행을 나섰는데 그곳에서 커플을, 그것도 단체로 만난다면 정말 우울해질 수밖에 없다. 외로운 마음이 절로 들어 여행은 금방 처절함으로 바뀐다. 낙산공원은 경사가 져서 그런지 데이트 족이 별로 없고 혼자서 걷는 사람이 유난히 많다. 그야말로 솔로 천국이라 할 수 있다.

Info.

주소 서울시 종로구 창의문로, 백석동길 일대
교통 대중교통 지하철 3호선 경복궁역 3번출구에서 1020번, 7212번, 7022번을 탄 후 부암동주민센터 앞 하차

| LANDSCAPE | WALK | TRADITION | REST | MOUNTAIN | MARKET |

007

커피향 가득한 동네

부암동

부암동에서 만나는 북악산과 인왕산은 길이 잘 정비되어 있어 걷기에 안성맞춤이다. 부암동을 찾는 날에는 구두보다는 운동화를 신는 것이 좋다. 북악산과 인왕산으로 둘러싸인 부암동은 백사실 계곡으로도 유명하다. 감성적인 느낌의 카페들이 많아 카페 탐방도 좋지만 산을 걷거나 계곡을 찾는 것도 좋다.

● '백년도 못 사는 인간이 천년의 근심으로 산다.' 중국의 시인인 한산이 한 말이다. 짊어지지 않아도 될 짐까지 일부러 지고 살기에 인생의 무게가 무겁게 느껴지는 것이다. 하지 않아도 될 걱정까지 하며 살기에 인생의 맛이 쓰게 느껴지는 것이다. 부암동은 근심보다는 여유를 담고 있다. 천천히 걷다 보면 마음속의 걱정과 근심이 소리 없이 사라진다. 한적한 동네에서 여유를 마시고 자연 속에서 천천히 걷다 보면 나를 둘러싸고 있던 먹구름이 저절로 걷힌다.

윤동주 시인은 연희전문학교 재학 시절
누상동에 있던 소설가 김송의 집에서 하숙했는데
이때 서시, 별 헤는 밤 등의 대표작을 쓴 것으로 알려진다.

옛것과 새것이 공존하는 동네

● 부암동이라는 이름은 부침바위에서 유래한다. 1970년대까지 세검정에 있었지만 지금은 없어진 부침바위는 잃어버린 아들을 찾거나 아들을 낳고자 하는 사람들이 소원을 빌던 바위다. 약 2m 높이의 바위 표면에는 구멍이 많이 뚫려 있었는데 구멍 틈에 손을 대고 비비다가 손을 떼는 순간 돌이 붙고 옥동자를 낳는다는 전설이 있었다.

부암동은 옛것과 새것이 공존하는 거대한 박물관으로 명소가 셀 수 없을 정도로 많다.

도롱뇽, 맹꽁이가 살고 있는 백사실계곡이 있고 흥선대원군이 사랑한 별장 석파정이 있다. 또 드라마 '찬란한 유산', '커피프린스 1호점'을 촬영한 카페가 있다. 윤동주 시인이 올랐다는 윤동주 시인의 언덕도 있다. 안평대군이 정치를 피해 풍류를 즐기며 지내던 정자인 '무계정사'와 조선시대 한옥에서 근대 가옥으로 변해가는 초기 과정의 특색을 보여주는 건물 '윤웅렬가', 서울 성곽을 쌓을 때 세운 사소문의 하나인 '창의문', 연산군이 구기동과 정릉으로 가는 삼거리에 풍류를 즐기기 위해 지은 '탕춘대', 조선 태조 때 혜철이 왕명을 받아 창건한 절 '소림사', 근대문학 초기 단편 소설 양식을 개척하고 사실주의 문학의 기틀을 마련한 '현진건의 집터', 조선시대 화약을 제조하던 화약 제조소인 '염초소터', 창덕궁 궁녀들이 홍제천에서 빨래를 하기 위해 조석으로 넘었던 고개인 '조

부암동에는 우리가 꿈꾸는 풍경이 있다.

석고개', 천신과 지신에게 매년 제사를 지냈던 '동제당', 도교를 믿는 사람들이 살았던 '도덕골'은 부암동에 있었거나 현재도 존재하는 명소이다.

거대한 산을 두 개나 끼고 있어서 그런지 부암동은 공기가 맑다. 부암동의 마스코트라 할 수 있는 백사실 계곡은 옛날부터 주변에 흰돌이 많고 경치가 아름답다하여 '백석동천'으로 불렸다. 상수리나무, 소나무, 아까시나무 등 나무가 많아 여름에도 서늘한 기운이 감도는 것이 특징이다. 부암동은 외국인들이 사랑하는 명소로도 유명하다. 그래서인지 인왕산이나 북악산에는 유난히 서양인들이 많다. 이곳에 올라서면 서울이 한눈에 내려다보이는데 그 어디에서 보는 서울보다 예쁘다.

부암동은 아무렇게 걷기보다는 코스를 정해 걷는 것이 좋다. 이광수 별장 터를 시작으로 홍지문 및 탕춘대성 → 석파정 별당 → 석파정 → 안평대군 이용 집터 및 현진건 집터 → 반계 윤웅렬 별장 → '찬란한 유산' 촬영지 → 윤동주 시인의 언덕(청운공원) → 최규식 경무관 동상 및 창의문 → 환기미술관 → '커피프린스 1호점' 촬영지 → 백사실 계곡 → 세검정 터 → 세검정길 순으로 걸으면 부암동을 거의 다 볼 수 있다. 밥 먹는 시간과 커피 마시는 시간까지 고려하면 하루는 족히 걸린다.

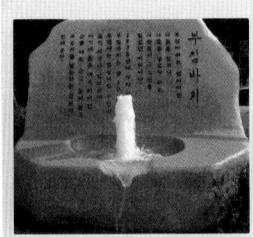

부침바위에 대한 전설이 적힌 돌

동네는 워낙 넓기 때문인지 주말에도 한산해 여유가 넘친다.

부암동은 유난히 공기가 맑다. 거대한 산을 두 개나 끼고 있으니 그럴만 하다. 부암동의 마스코트라 할 수 있는 백사실 계곡은 옛날부터 주변에 흰 돌이 많고 경치가 아름다워 백석동천으로 불렸다.

바쁜 생활 중에도 우리는 걸어야 한다. 무엇때문에 바쁜 것인지, 무엇을 위해 애쓰는 것인지 자신을 돌아볼 시간을 가져야 한다.

추천 맛집

자하손만두

만두와 관련된 음식을 선보이는 맛집이다. 물만두, 소만두, 찐만두, 김치만두를 비롯하여 만두국, 떡만두국, 잣죽, 만두전골을 선보인다.

주소 서울시 종로구 백석동길 12
전화 02-379-2648
시간 11:00~21:30
홈페이지 www.sonmandoo.com

행복의 열쇠는 두 다리에 있다

● 바쁜 생활 중에도 우리는 걸어야 한다. 무엇 때문에 바쁜 것인지, 무엇을 위해 애쓰는 것인지 자신을 돌아볼 시간을 가져야 한다. '걷기'는 도심에서 살아가는 현대인이 자신을 돌아볼 수 있는 최고의 쉼표이다. 느리게 사는 것도 인생에 대한 하나의 답이다. 산이 있어 맑은 공기가 늘 함께 하는 부암동에는 쉼표가 넘쳐난다.

부암동은 그냥 걷기만 해도 에너지가 채워진다. 덤으로 누군가에게 사랑받고 있는 것 같은 느낌까지 든다. 행복해지기 위한 방법은 의외로 참 쉬운 것이라는 생각이 든다. 그냥 걷기만 하면 되는 일을 왜 그렇게 어렵게 찾아 헤매었는지. 부암동을 걷다 보면 자연스럽게 깨닫게 된다.

아름답고 깨끗한 계곡

깨끗하고 아름다워 기분이 좋아지는 산책길

주소 서울 서초구 서래로 일대
교통 대중교통 지하철 3, 7, 9호선 고속터미널역 5번 출구에서 도보 15분

Info.

| LANDSCAPE | **WALK** | TRADITION | REST | MOUNTAIN | MARKET |

008

조용하고
이국적인 거리

서래마을, 서래 올레길

서래마을은 사람이 사는 동네에 카페와 음식점이 늘어서 있는 모양새다. 카페와 음식점은 도로를 따라 늘어서 있다. 산책하기 좋은 서래 올레길은 산으로 되어 있는데 이곳까지 걷고 싶다면 비가 오는 날은 피하도록 하자. 참고로 동네 주민에게 피해를 줄 수 있는 행동은 삼가자.

● 　　　　　모든 날 가운데 가장 완벽하게 실패한 날은 웃지 않는 날이라는 프랑스 격언이 있다. 우리는 말한다. 성공을 위해 산다고. 행복한 인생을 위해 산다고. 그러면서 열심히 노력한다. 그런데 이렇게 살다 보면 남는 것은 피로와 불행이다. 프랑스 격언에 비추어 보면 우리는 성공과 행복을 위해 살면서 정작 오늘은 완벽하게 실패한 날로 보낸 것이다. 이런 삶을 살고 있다면 서래마을을 찾아 보자. 커피 한 잔의 여유가 있고, 자연이 살아 숨 쉬는 동네. 웃긴 이야기를 들은 것도 아닌데 입가에 미소가 절로 지어진다.

유명인들이
많이 사는 **동네**

● 　　　　　　프랑스 아이들이 다니는 학교가 있고 프랑스 사람들이 사는 주택이 있기 때문일까. 서래마을 하면 떠오르는 나라는 프랑스다. 1985년 주한프랑스학교가 이곳으로 이전하면서부터 프랑스인들이 많이 거주하기 시작했는데 지금도 거리 곳곳에서 프랑스인들을 발견할 수 있다. 또 서래마을에는 연예인은 물론 기업인과 정계인사 등이 많이 산다. 방송인 김제동을 비롯하여 무한도전 멤버인 정준하, 가수 리쌍, 배우 황정민, 고현정, 정우성과 개그맨 신동엽, 가수 조용필도 산다.

옛날에는 서래마을이 프랑스 마을로 불렸지만 요즘에는 연예인마을로도 불릴 정도로 연예인들이 많이 거주한다.

하지만 서래마을에서 연예인을 보기란 쉽지 않다. 몽마르트르공원 벤치에 앉아 있으면 연예인보다는 프랑스인들이 더 많이 보인다. 야외 수업을 나왔는지 프랑스인으로 보이는 선생님의 지시에 따라 뛰어 노는 프랑스 어린이들을 보고 있으니 마치 프랑스에 와 있는 듯한 느낌이다. 산책을 즐기는 프랑스 주부도 쉽게 볼 수 있다. 몽마르트르공원을 채우고 있는 프랑스인들로 인해 공원 자체가 이국적이게 다가온다.

서래마을만의 개성이 없어진다는 이유로 몇 년 전만 해도 이곳에는 프랜차이즈 커피숍이 들어서지 못했다. 그런데 이

동네에는 와인 가게도 있다.

지하철에서 내리면 보이는 풍경

제는 프랜차이즈 커피숍이 거리를 점령하다시피 했다. 그렇다고 걱정할 필요는 없다. 서래마을 특유의 여유와 색은 그대로이다. 여전히 커피 한 잔의 여유가 있고 거리는 여전히 예쁘다.

  프랜차이즈 커피숍이 들어서기 전에도 이곳 커피 가격은 비싸지 않은 편이었다. 서래마을은 아무래도 부촌이기 때문에 커피 가격이나 음식 가격에 겁을 먹기 쉬운데 그런 걱정은 기우에 불과하다. 분위기에 비하면 가격은 착한 편이다.

  서래마을을 지나는 도로 주변은 늘 새로운 가게가 들어서고 또 없어져서 갈 때 마다 새롭다. 서래마을이 특별하게 다가오는 것은 꽃가게와 와인가게가 많기 때문이다. 일반 동네에 비해 유난히 많다. 이유는 모르겠지만 서래마을 주택가는 꽃으로 가득 차 있다. 집집마다 대문 앞을 꽃으로 장식해 놓았다. 거리 여행을 즐기는 사람에게는 그야말로 천국이 따로 없다. 주민들에게 방해가 되지 않는 선에서 주택들 사이를 산책하는 것도 좋다.

멋진 음식점이 유난히 많다.

01 아무나 쉴 수 있는 벤치 02 ,03 꽃가게가 많은 것이 특징이다.

서래 올레길은 한 마디로 말하면 산길이다. 경사가 완만해서 산으로
느껴지지 않는 것이 이곳의 매력 아닌 매력이라 할 수 있다.

신의 한 수
서래 올레길

추천 맛집

마노핀
서래마을 입구에 위치한 카페이다. 저렴한 가격이 매력적인 집이다. 다양한 커피와 머핀을 선보이고 있다. 내부가 넓어 혼자 있어도 눈치가 보이지 않는다.
주소 서울 서초구 사평대로 122
전화 02-536-9217

● 서래마을이 진짜 아름다운 이유는 바로 서래 올레길이 있기 때문이다. 아무리 예쁜 마을이라 해도 공기가 좋지 않다면 아름답게 다가오지 않았을 것이다. 울창한 나무와 풀이 살아 숨 쉬는 서래 올레길은 몽마르트르공원을 중심으로 왼쪽과 오른쪽으로 나뉘어져 있다. 서래 올레길은 산길이지만 경사가 완만해서 산으로 느껴지지 않는 것이 이곳의 매력이다. 등산이라기보다는 산책에 가까운 기분이 든다. 강남에 흙을 밟으며 걸을 수 있는 공간이 있다는 것이 놀랍다.

서래마을 카페에는 나 홀로 커피 한 잔을 즐기는 사람이 많다. 혼자 커피를 마시며, 혼자 산책을 즐기고 싶다면 서래마을을 찾아보자. 지하철에서도 가까워 진입이 쉽다. 외국인이 많은 동네라 그런지 혼자 있어도 아무도 이상하게 보지 않는다. 그 어떤 곳보다 타인의 시선에서 자유롭다.

서래마을 하면 생각나는 와인

009

녹색세상에서 보낸 멋진 하루

서울숲

서울숲은 생각보다 거대하다. 다 보고 싶은 마음에 빠른 걸음으로 걸으면 몸과 마음이 피곤해질 수 있으니 천천히 걷도록 하자. 자전거 대여점도 있고, 자전거 길도 잘 정비되어 있으므로 자전거를 이용하는 것도 괜찮은 방법이다. 서울숲에는 다양한 생물이 서식하고 있으니 큰 소음을 내는 행위는 삼가자.

● 　　　　　최근 중국의 스모그가 화제가 되었다. 중국 북부 내륙 도시를 강타한 스모그로 인해 사망한 사람이 상상을 초월할 정도로 많았다. 스모그로 인해 30만 명이 조기 사망할 수 있다는 의견도 있다. 영국은 중국보다 이를 더 빨리 경험했는데 1874년 런던에서 스모그로 사망한 사람은 무려 243명이었다. 제 아무리 멋진 나 홀로 여행이라 해도 공기가 좋지 않는 곳에서의 여행은 여행이 아니라 형벌이다. 몸도 해치고 마음도 해친다.

Info.

주소 서울시 성동구 뚝섬로 273
전화 02-460-2905
요금 무료
교통 승용차 반포대교 → 1차선에서 '용비교·한남동 방향'램프진입 → 용비교 → 성수대교(북단)사거리에서 직진 → 무지개 터널 → 서울숲 주차장
대중교통 분당선 3번출구에서 도보 5분
홈페이지 http://parks.seoul.go.kr/seoulforest

걷기 편한 산책 길

맑은 공기 가득한 숲은 금세 마음에 안정을 주었다. 이정표도 많아 길을 잃을 확률은 거의 제로에 가까웠다.

아름다운 자연이 있는 곳

꽃과 나무로 가득한 서울숲

지방에서 살다가 서울로 올라왔을 때 처음에는 사람이 너무 많아서 놀랐다. 내가 살던 부산도 사람 수에 있어서는 어디가도 뒤지지 않지만 서울은 부산과 비교가 되지 않을 정도였다. 또 땅이 너무 넓어서 놀랐다. 특히 서울숲은 지방 사람인 내가 느끼기에 넓어도 너무 넓었다. 길을 잃지는 않을까, 하루 동안 다 볼 수 있을까. 별별 걱정이 다 들었다. 하지만 이런 걱정은 기우에 불과했다. 맑은 공기 가득한 숲은 금세 마음에 안정을 주었다. 이정표도 많아 길을 잃을 확률은 거의 제로에 가까웠다.

서울숲은 5개의 테마공원으로 이루어져 있다. 문화예술공원, 자연생태숲, 자연체험학습원, 습지생태원, 한강수변공원은 서울숲을 다채로운 공간으로 만든다. 아름답게 꾸며진 테마공원은 한시도 지루함을 허락하지 않는다.

곳곳에 볼거리가 가득한 서울숲에는 풀과 나무만 있는 것이 아니다. 물이 잔잔하게 흐르는 수심 3m정도의 거울연못은 영화 속 한 장면을 떠오르게 한다. 한강에서 항상 바람이 불어와 '바람의 언덕'이라 이름 붙인 언덕에는 억새밭이 조성되어 있고 조금 걸어가니 말로만 듣던 꽃사슴이 반긴다.

서울에 와서 또 놀란 점은 각 구에 자랑처럼 있는 대규모 공원이었다. 이 중 서울숲은 세 손가락 안에 꼽힐 정도이다. 크기로 보나 아름다움으로 보나 어디 하나 부족한 곳이 없다.

영국 하이드파크(Hyde Park)와 뉴욕 센트럴파크 (Central Park)에 버금가도록 만든 공원답게 세계에 내놔도 손색이 없다.

넓은 공원에는 혼자만의 시간을 보내기 좋은 공간도 많은 법. 혼자 책을 읽거나, 혼자 걷거나, 혼자 음악을 듣기 좋은 공간이 공원 곳곳에 있다. 주중에는 사람이 적은데 주중에 나 홀로 서울숲을 걸으면 내가 마치 서울숲의 주인이 된 착각마저 든다.

내가 죽기 전에 해 보고 싶은 것은 뉴욕 센트럴파크에서 조깅을 하는 것이었다. 하지만 서울숲으로 인해 그 소망이 없어졌다. 뉴욕 센트럴파크만큼이나 멋진 서울숲에서 조깅을 하면서 나는 큰 만족을 얻었다. 서울숲은 거의 평지로 이루어져 있어 달리기에 정말 안성맞춤이다.

서울숲의 또 하나의 자랑은 바로 나무다. 괜히 이름 뒤에 숲이 붙어 있는 것이 아니다. 소나무, 섬잣나무, 계수나무와 선인장, 구절초, 갈대 등은 이곳을 정말 숲으로 느끼게 한다. 서울 안에 이런 공간이 있다는 것이 믿기지 않을 정도다.

놀이공간도 있다.

한강이 바로 옆에 있어 한강 쪽으로 빠져서 걸을 수 있는 것도 서울숲의 장점이다. 한강은 끝에서 끝까지 다 걸으려면 약 18시간이 소요되는데 하루에 6시간씩 걸으면 총 3일이 걸리는 거리다.

서울숲도 넓어서 다 둘러보는데 시간이 꽤 소요된다. 18시간까지는 아니더라도 반나절은 족히 걸린다. 그러니 이곳에서는 욕심을 버리는 것이 좋다. 숙제를 하듯 둘러보면 마음만 바빠진다.

서울숲의 또 하나의 자랑은 바로 나무다. 괜히 이름 뒤에 숲이 붙어 있는 것이 아니다. 소나무, 섬잣나무, 계수나무, 선인장, 구절초, 갈대 등은 이곳을 정말 숲으로 느끼게 해 준다.

01 곳곳에 보이는 호수 02 쉬기 좋은 허브정원 03 재미있는 공간 04 허브향이 좋은 허브정원

행복의 조건은 바로 **자연**

롯데리아

서울숲 안에는 롯데리아가 있다. 연못 가까이에 위치해 있어 찾기도 쉽다. 간단한 먹을거리를 파는 롯데리아는 주머니가 가벼운 여행자는 물론 나 홀로 식사를 하는 이들에게도 만족을 안긴다.

위치 서울숲 수변휴게실 근처

● 　　　　　　세상에서 가장 살기 좋은 나라는 공원이 많은 나라다. 쉴 수 있는 공간이 없다는 것은 정말 안타까운 일이다. 남자에게는 울 수 있는 공간이 필요하고, 여자에게는 수다를 떨 수 있는 공간이 필요하고 그리고 사람에게는 자연과 함께 할 수 있는 공간이 필요하기 때문이다.

　공원이 없고 집들만 빽빽한 곳에 가면 우울해진다. 쉴 수 있는 공간이 없기 때문이다. 침대 위에서 잠을 자는 것보다 더 중요한 것은 걸으면서 쉬는 것이다. 사람은 걸어야 우울증이 해소된다.

나 홀로 여행을 하기 좋은 곳은 따로 있다. 사람이 북적이는 곳보다는 자연이 북적이는 곳이다. 군중 속에서는 외로움이 느껴지지만 자연 속에서는 행복이 느껴진다. 외롭지도 않다. 나는 이것을 자연의 힘이라 말하고 싶다. 공원이나 산을 거닐다 보면 몸과 마음이 건강해진다. 혼자 있는 시간이 행복으로 가득 채워진다.

| LANDSCAPE | **WALK** | TRADITION | REST | MOUNTAIN | MARKET |

010

서울에서 누리는
혼자만의 시간

양재천

양재천 주변에 조성된 공원은 제법 크다. 사실 양재천 보다 양재천 공원이 더 볼만 하다. 봄에는 벚꽃이, 가을에는 단풍이 장관을 이룬다. 공원 안에는 매점이나 음식 점을 찾기 어려우니 음료수와 먹을거리 등은 미리 준비하는 것이 좋다.

● 　　　　　　　허무주의자와 비관주의자의 공통점은 미리 단념한다는 것이다. 가 보지도 않고 안 좋은 것이라 생각한다. 먹어보지도 않고 맛이 없을 것이라 생각한다. 그리고 경험 해 보지 않은 자신의 생각을 믿는다. 우리가 걱정하는 대부분의 일은 일어나지 않는다는 말이 있다. 여행도 마찬가지다. 우리가 걱정한 일들 대부분은 일어나지 않는 경우가 많다. 양재천도 그 랬다. '거기 뭐가 볼 게 있겠어.'라고 생각했는데 기우였다. 생각했던 것보다 멋지고 볼거리도 많았 다. 거기다 넓기까지 했다. 하루를 혼자서 보내기에 정말 안성맞춤이었다.

Info.

주소 서울시 서초구 매헌로 99번길
전화 02-3423-6255
요금 무료
교통 대중교통 지하철 신분당선 양재 시민의 숲(매헌역) 5번 출구에서 도보 2분
홈페이지 http://ypark.gangnam.go.kr

양재천 공원은 드라마 촬영지로도 많은 사랑을 받고 있다.

양재 시민의 숲에는 나무가 많다. 특히 가을에는 단풍이 곱게 물들어 찾아온 이들의 마음을 즐겁게 해준다.

강남스타일
공원

● 양재역 사거리 일대는 옛날 말죽거리가 있던 곳이다. 제주에서 보낸 말을 손질하고 말죽을 먹인 곳이라는 설과 이괄의 난 때 인조 임금이 피란길에 말 위에서 팥죽을 들었던 곳이라는 설이 있다. 양재동은 영화 '말죽거리 잔혹사'로도 유명하지만 1960년대 이후에는 땅값이 폭등하면서 '말죽거리 신화'로도 불렸다.

양재천은 비싼 땅값을 자랑하는 강남에 위치해 있는데 예전에는 양재천으로 오는 것이 번거로웠다. 지하철을 탄 후 다시 버스를 타야했다. 그러나 이제는 지하철 신분당선이 생긴 후 양재천 나들이는 물론 청계산 등산도 쉬워졌다.

매헌기념관 내부

양재천은 양재 시민의숲 바로 옆에 있다. 양재천에는 걷기 운동을 즐기는 주민들이 많이 보이고 양재시민의 숲에는 쉬기 위해 찾은 직장인들이 많이 보인다.

양재시민의 숲에는 나무가 많은데 특히 가을에는 단풍이 곱게 물들어 찾아온 이들을 즐겁게 한다. 매헌 윤봉길 의사 기념관이 있는 것도 이곳의 특징이다. 무료로 관람할 수 있는 매헌 윤봉길 의사 기념관에는 윤봉길 의사의 유품과 생애 사진 및 항일 독립운동 관련 사진이 전시되어 있다.

윤봉길 의사 흉상

강남 하면 빌딩, 음식점을 떠올리는 사람이 많은데 사실은 이야기도 많고 맑은 천도 흐른다. 지금은 깨끗한 산책로와 맑은 물을 자랑하는 양

공원 안에는 쉴 수 있는 공간이 많다.	양재천 주변 풍경

재천이지만 사실 양재천에도 어두운 역사가 있었다. 환경 오염으로 인해 흉물처럼 방치돼 있던 시절에는 아무도 양재천을 찾지 않았다. 그러던 양재천이 사람들의 노력으로 다시 되살아났다. 쓰레기가 없어지고 물이 맑아지자 죽어가던 생태계가 다시 살아나고 떠났던 사람들도 다시 모여들었다. 지금은 양재천과 주변 공원은 드라마나 영화 촬영지로도 많은 사랑을 받고 있는데 옛날 흑역사의 흔적을 찾기 어렵다.

특히 벚꽃이 피는 봄과 단풍이 물드는 가을은 정말 최고다. 벚꽃 하면 서울 여의도 윤중로를 떠올리는 사람들이 많은데 양재천도 뒤지지 않는다. 많이 알려지지 않은 탓에 사람이 적은 것도 매력이다. 혼자서 벚꽃을 즐기는 사람들도 많다. 이곳에서는 타인에게 눈길을 주지 않는다. 벚꽃만 봐도 시간이 부족하기 때문이다. 끝이 안 보이는 길을 따라 서 있는 벚꽃나무는 그야말로 실컷 벚꽃 구경했다는 기분이 들게 한다.

가을도 장관이다. 울긋불긋 물든 단풍 속을 걸으면 우울한 기분이 단번에 날아간다. 강남에 이런 공간이 있다는 것이 놀랍고 고마울 따름이다.

지금은 깨끗한 산책로와 맑은 물을 자랑하는 양재천이지만
사실 양재천에도 어두운 역사가 있었다.

평온한 기운이 감도는 양재천

청계산이 지적에 있어서 그런지 공기 또한 나쁘지 않은 것도 양재천의 장점이다. 대부분의 여행지가 그렇듯 양재천 여행도 하루는 잡는 것이 좋다. 생각보다 넓기 때문이다.

아름다운
쉼표 하나

● 　　　　　　강남에 양재천과 양재시민의 숲이 없었다면 어땠을까. 아마 쉼표가 없는 동네가 되지 않았을까 싶다.

예전에 잘사는 동네라고 소문난 곳에 갔다가 깜짝 놀란 경험이 있다. 빌딩과 아파트가 빽빽한 그곳에도 공원이 있긴 있었다. 벤치 몇 개 가져다 놓고 공원이라 이름 붙인 그곳에는 자연이 없었다. 대신 스모그가 그 자리를 차지하고 있었다. 높은 아파트 사이를 휘감고 있는 뿌연 연기가

매헌기념관 내부

윤봉길의사 숭모비

매헌기념관 내부

무섭게 느껴지기까지 했다. 비싼 동네에 사는 그곳 사람들이 하나도 부럽지 않았다. 오히려 안타까운 마음이 들었다.

알고 보면 서울에는 나 홀로 여행을 즐길 수 있는 곳이 많다. 꼭 멀리 나갈 필요가 없다. 양재천과 그 일대만 걸어도 하루가 금방 간다. 지하철과 버스를 이용하면 못 가는 곳이 없다. 불러주는 사람 없고 갈 곳 없는 날에는 양재천으로 떠나 보자. 벚꽃과 단풍이 함께 하는 양재천에는 행복만이 가득하다.

추천 맛집

카페베네
지하철 신분당선 양재시민의 숲(매헌)역 2번,3번 출구 근처에는 음식점이 많다. 편의점도 있다. 카페베네는 도로에 위치해 있어 찾기가 쉽다. 간단하게 차 한 잔 하고 싶을 때 찾으면 좋다.

나 홀로 명언

죽어라 열심히 공부해도 죽지는 않는다!
오늘 걷지 않으면 내일은 뛰어야 한다!

학창 시절 우리를 책상에 붙들어 준 것은 다름 아닌 수많은 명언이다. 공부하기 싫거나 잠이 쏟아질 때 책상 앞에 적어 놓은 명언을 보면서 우리는 정신을 가다듬었다. 명언은 나 홀로 여행에도 힘을 준다. 산책 길에서 만나는 커플 때문에 외롭다는 생각이 들거나, 혼자 다니는 것이 심심해질 때 아래에 소개하는 9가지 명언을 펼쳐보자.

행복은 외부 환경에 의해서 결정되기보다는 우리 마음속에 있는 것이다.
_벤저민 프랭클린

세상에서 가장 즐거운 일은 여행을 떠나는 것이다. 그리고 나는 혼자 떠나는 것을 좋아한다.
_윌리엄 해즐릿

스스로 만족하는 사람은 언제나 즐겁다.
_이탈리아 속담

세상에서 가장 강한 사람은 자기 혼자의 힘으로 살아가는 사람이다.
_입센

재능은 고독 속에 이루어지며, 인격은 세파 속에서 이루어진다.
_괴테

나쁜 친구를 사귀는 것보다 혼자 있는 것이 낫다.
_아랍 속담

난 부정적인 사람이 내 인연으로 들어오는 것을 거부한다. 맑은 사람만 대하기에도 시간이 부족한 세상이다.
_조상훈

모든 인간은 본래 혼자다. 그래서 혼자일 때가 가장 편안하다. 따로 사는 것만이 함께 살기를 수월하게 한다. 일정한 거리가 없이는 사람이 관계를 맺을 수가 없다.
_유동범

살아간다는 것은 외로움을 견디는 일이다. 공연히 오지 않는 전화를 기다리지 마라.
_정호승 시인의 시 '수선화에게' 中

길게 뻗은 산책길을 나 홀로 걸으면 여유와 운치를 느낄 수 있다.

혼자 떠나는 **시간 여행**

Part 3

외암리민속마을 | 이천도예촌 | 고인돌마을 | 낙안읍성민속마을 | 안동하회마을 |
한국민속촌 | 서촌길 | 암사동 유적지 | 장충동 성곽길 | 전쟁기념관

| LANDSCAPE | WALK | TRADITION | REST | MOUNTAIN | MARKET |

001

가장 **한국적인** 풍경을 간직한 마을

외암리민속마을

천천히! 느리게! 외암리민속마을에서 염두에 두어야 할 마음가짐이다. 빨리 걷는 사람은 빠른 시간 안에 마을을 볼 수는 있지만 가장 한국적인 풍경을 간직한 마을 구석구석을 제대로 볼 수는 없다. 길을 따라 계속 걸어야 건재고택, 교수댁, 참봉댁 등 멋스러운 전통 가옥과 기품 있는 마을 주민을 만날 수 있다.

● 　　　　요르단에 사라진 신비의 도시 페트라(Petra)가 있고, 페루에 잃어버린 도시 마추픽추(Machu Picchu)가 있다면, 우리나라에는 외암리민속마을이 있다. 국가에서 외암리민속마을을 중요민속자료 제236호로 지정하고, 수많은 건축가가 우리나라에서 가장 아름다운 마을로 꼽고 있지만, 아직도 이 마을에 대해 모르는 사람들이 많다. 외암리민속마을은 몇 백 년에 걸쳐 만들어진 마을이다. 우리나라의 옛 모습을 보여주기 위해 인위적으로 만든 민속촌과는 달리 자연스럽게 형성되어 전통뿐 아니라 사람의 온기가 있다.

Info.

주소 충남 아산시 송악면 외암리 169-1번지
전화 관광 안내소 041-541-0848
시간 09:00 ~ 18:00
요금 성인 2,000원, 청소년·어린이 1,000
교통 승용차 ❶ 경부고속도로 → 천안나들목 국도 21호 (20km) → 신도리코 앞 사거리 → 읍내동 사거리 → 국도 39호(10km) → 송악외곽도로 → 외암민속마을
❷ 서해고속도로 → 서평택나들목 → 국도 39호 (28km) → 온양온천(6km) → 송악나드리 → 읍내 사거리 → 송악외곽도로 → 외암민속마을
대중교통 서울 고속 버스터미널, 남부 터미널, 동서울 터미널에서 아산행 고속버스나 직행버스 이용 → 아산터미널 건너편에서 강당골행 시내버스(120번) 이용 → 송악농협이나 외암민속마을에서 하차
홈페이지 http://www.oeammaul.co.kr

외암리민속마을 골목길. 가파른 오르막길이나 내리막길이 없어 걷기에 편하다.

외암리민속마을 원경 모습. 사계절 내내 한국적인 풍경을 보여준다.

한국에서 가장 아름다운 마을

외암리민속마을 앞 풍경

● 외암리민속마을은 일반적인 관광지가 아닌 사람이 사는 마을이다. 사람이 꽃보다 아름답다는 노래 가사도 있듯 외암리민속마을이 특히 아름다운 이유는 사람이 살고 있고 그 정을 느낄 수 있기 때문이다.

외암리민속마을은 농촌 마을이다. 그런데 우리가 흔히 생각하고, 보아온 투박한 농촌 마을과는 사뭇 다르다. 농촌 마을도 얼마든지 멋스럽고 아름다울 수 있다는 것을 보여준다. 골목 어귀에서는 꽃을 볼 수 있고 마을 앞도 꽃으로 단장되어 있다. 예쁘게 단장된 마을이라서 그런지 마을에서 농사를 짓고, 집안일을 하는 동네 사람들의 모습조차도 그림처럼 예뻐 보인다.

외암리민속마을은 건물, 사람, 자연이 조화를 이루고 있다. 어느 하나라도 모자라거나 튀는 것이 없다. 굳이 풍수지리를 들먹이지 않아도 이곳은 사람이 살기에 좋은 환경을 갖춘 마을이라는 생각이 든다. 옛사람들은 삶의 터를 잡을 때 주변 환경은 물론 인심까지 살폈다고 한다. 환경이 아무리 좋아도 인심이 나쁘면 사람이 살 수 없고, 인심이 좋아도 환경이 나쁘면 사람이 떠나가기 마련이다. 이런 점에서 볼 때 외암리민속마을은 모든 것을 두루 잘 갖춘 마을이다. 이곳에 살고 있는 사람들이 그것을 증명해 준다.

500년의 역사를 가진
민속마을

● 　　　　　　　설화산 동남쪽 기슭에 있는 외암리민속마을은 지금으로부터 500년 전에 형성되었다. 강씨와 목씨 등이 정착하여 마을을 이루었고, 조선 선조 때부터는 예안 이씨 집성촌이 되었다. 마을을 이루고 있는 가옥들은 지금도 가옥 주인의 관직명이나 출신 지명을 따서 교수댁, 참봉댁, 참판댁 등으로 불리고 있다. 마을 사람들은 마을을 훼손하지 않는 범위 내에서 자연과 더불어 세월의 흐름에 맞게 조용하고 아름답게 살아가고 있다.

외암리민속마을은 1978년 충청남도 민속 마을로 지정되었고 이후 1988년 전통 건축물 보존지구 제2호로 지정되었다. 마을 골목마다 돌담이 있어 돌담을 따라 걸을 수 있다. 돌담은 크고 작은 돌을 아무렇게나 쌓은 듯 투박해 보이지만, 자세히 보면 그 구성이 정교하여 보는 이들을 감탄하게 한다.

마을에 도착하면 일단 길을 따라 걸어 보자. 마을은 그리 넓지 않은 편이고 길은 서로 연결되어 있어 길을 잃을 염려는 안 해도 된다. 돌담으로 이루어져 있는 골목길을 걷다 보면 영화와 드라마의 촬영지이자 행정안전부에서 선정한 '정원 100선'에 뽑힌 건재 고택을 볼 수 있다. 그밖에도 150여 년 된 정원수와 형상석이 조화를 이루고 있는 송화댁, 옛 모습을 그대로 간직한 연자방아, 마을 내에서 가장 큰 규모를 자랑하는 참판댁을 볼 수 있다.

01 마을 앞 개천 02 고택. 사람이 살고 있어 일반인은 출입할 수 없다. 03 불규칙하지만 정교한 돌담 04 의암민속관 05 원두막. 직접 올라가볼 수 있다.

01 일반 가정집 풍경 02 서민층 가옥에 전시된 장독대 03 외암 민속관에서 볼 수 있는 다듬이 04 마을 풍경 05 서민층 가옥에서 볼 수 있는 방아

마을 앞쪽에 있는 외암민속관은 마을을 돌아보기 전이나 마을을 다 돌고 난 후 가는 것이 좋다. 외암민속관에는 주거 용구류, 부엌살림류, 농기구류, 기타 소품류 등 각종 생활 공예품 1,000여 점이 전시되어 있다. 가옥은 상류층, 중류층, 서민층 가옥 12동을 주축으로 조선 시대의 신분별로 주거 공간을 재현해 놓았다.

또한 외암리민속마을에서는 전통문화를 배우고 농촌 문화를 체험하고자 하는 사람들을 위해 팜스테이(farmstay)도 운영하고 있다.

마을에서 맛보는
어머니가 해주신 밥

● 마을을 돌아보다 배가 고프면 마을 내에 있는 신창댁으로 가 보자. 된장찌개 등 토속적인 음식을 팔고 있는 신창댁은 도시의 여느 식당과는 다른 분위기를 풍긴다. 주인은 마을 앞에서 농사를 지으면서 식당을 운영하고 있다. 덕분에 반찬류는 시골 특유의 건강하고 담백한 음식으로 가득하다. 식당 안으로 들어가니 마당에서 소일을 하던 아주머니께서 마치 제 식구인 양 반갑게 맞아주며 정성스럽게 한 상을 차려 주셨다. 마치 어머니가 자식 밥상을 차려 주듯 아주머니께서는 숭늉까지 정성스럽게 챙겨주셨다.

마을을 다 도는 데는 짧게는 한 시간, 많게는 두 시간이면 충분하다. 스피드, 디지털화에 적응된 사람들은 전통을 오롯이 간직한 외암리민속마을에서의 여행이 조금은 불편할 수도 있다. 그러나 이곳에서는 도

외암 민속관에서 볼 수 있는 한국 전통 부엌

시에서 누리기 어려운 여유로운 삶과 자연의 냄새를 느낄 수 있다.

외암리민속마을 사람들은 자연의 시간에 맞추어 산다. 고추, 호박 등을 햇볕에 말리는 모습을 보고 있노라면 이곳에 사는 사람들은 기다리는 법을 알고 있고, 그것이 주는 행복을 알고 있는 듯하다.

느리게 돌아가는 외암리민속마을을 돌아본 후 목사이자 인권 운동가인 마틴 루서 킹의 말이 떠올랐다. "인생은 경주가 아니다. 누가 일등으로 들어오냐로 성공을 따지는 경기가 아니다. 내가 얼마나 의미 있고 행복한 시간을 보냈느냐가 성공의 열쇠이다." 옛 모습을 간직한 채 느리게 변해가는 외암리민속마을은 경주마처럼 앞만 보고 빠르게 달리는 이들에게 무거운 질문을 던지는 듯했다.

추천 맛집

신창댁

마을 내에 있는 신창댁에선 시골 밥상을 선보인다. 주인장은 농사를 지으며 식당을 운영하는데, 5천원대의 청국장은 식당 음식이 아닌 할머니가 해 주신 고향 음식 같은 맛이 난다. 오래된 한옥에서 풍기는 따뜻한 분위기 때문에 혼자 식사를 해도 외롭지 않다.

위치 매표소에서 도보 3~5분
전화 041-543-3928

| LANDSCAPE | WALK | TRADITION | REST | MOUNTAIN | MARKET |

002

도자기 마을 한국 최대의

이천도예촌

식사를 먼저 한 후 관광을 시작하고 싶다면 이천도예촌에 먼저 가는 것이 좋고, 산책이나 관광을 먼저 한 후 식사하고 싶다면 설봉공원을 먼저 둘러보는 것이 좋다. 설봉공원에서 이천도예촌으로 이동하려면 버스를 이용해도 되고 택시를 이용해도 무난하다. 택시 요금은 기본 요금에서 조금 더 나온다. 설봉공원은 연중무휴이지만 설봉공원 내에 있는 이천시립박물관과 이천세계도자센터는 휴관(매주 월요일, 1월 1일)과 입장 시간(09:00~18:00)이 정해져 있다.

●   시험에 떨어졌거나, 몇 달 동안 공들인 계약을 성사시키 못한 것은 인생에서 중요한 일이 아니다. 지나고 나면 기억도 나지 않는다. 나 홀로 여행에서도 오래도록 남는 것은 따로 있다. 여행지에서 있었던 크고 작은 어려움은 기억이 잘 나지 않는다. 하지만 여행 당시 먹었던 음식과 나 혼자 봤던 아름다운 풍경만 가슴에 크게 남는다.

  이천도예촌도 나의 기억에 생생하게 남아 있는 여행지 중 하나다. 이곳을 생각하면 인생을 살면서 처음으로 받아본 푸짐한 싱글 밥상과 예쁜 도자기들이 머릿속에 가득하다.

Info.

주소 ❶ 설봉공원 경기도 이천시 경충대로 2697번길 근교
❷ 이천세계도자센터 경기도 이천시 경충대로 2698번길
전화 ❶ 설봉공원 031-644-2020~1
❷ 이천세계도자센터 031-631-6501
❸ 이천시립박물관 031-644-2946~7
시간 ❶ 이천세계도자센터 09:00~18:00 / 휴관일 매주 월요일, 1월 1일
❷ 이천시립박물관 09:00~18:00 / 휴관일 매주 월요일, 1월 1일
요금 무료(2년에 한 번 세계도자비엔날레 행사 때만 요금을 받음)
교통 승용차 ❶ 중부고속도로 → 서이천 나들목 → 이천 방향 3번 국도 이용
❷ 영동고속도로 → 이천나들목 → 이천 방향 3번 국도 이용
대중교통 ❶ 강변역 테크노마트 앞 좌석버스 정류장에서 1113-1번 버스 이용, 광주 조선관요박물관 앞에서 하차 → 이천터미널행 버스 이용 이천소방서(이천세계도자센터) 앞에서 하차 → 설봉공원
❷ 잠실역 또는 성남 시외버스 터미널에서 500-1, 500-2번 버스 이용 → 동원대 입구 하차 → 이천 터미널행 버스 이용 이천소방서(이천세계도자센터) 앞에서 하차 → 설봉공원 버스 이용
홈페이지 www.kocef.org

설봉공원 내 문학동산.

조선 중기의 **장인 정신과 명성**을 유지하고 있는 곳

● 이천도예촌은 이천을 대표하는 도예 업체가 밀집한 지역이다. 도예 장인들은 고려청자와 조선백자의 아름다움을 재현하는 데 성공했다. 이천도예촌은 단순히 아름다운 도예품을 판매하는 동네가 아니다. 그리고 필요에 의해 현대에 와서 갑작스럽게 만들어진 동네도 아니다. 조선 중기부터 생활 용기를 빚어 왔으며 그 명성과 정신을 유지하고 있는 동네다.

이천도예촌에는 한국 최대의 도예촌이라는 명성에 맞게 한국 최초의 도자기 전문 미술관인 해강도자미술관도 있고, 일반인들이 도자기 체험을 해 볼 수 있는 곳도 있다. 도예품을 구경하고 구매하는 것뿐 아니라 직접 참여할 수 있도록 했다. 도예 업체는 3백여 곳에 이르지만 각기 개성 있는 도예품을 선보이고 있어 찾아온 이들에게 즐거움을 선사한다.

날마다 **축제**인 **설봉공원**

● 이천도예촌에 도착해서 제일 먼저 찾은 설봉공원은 이천의 진산 설봉산 자락에 있다. 세계도자비엔날레와 이천도자기축제, 이천쌀문화 축제가 열리는 중심지이기도 하다. 아름다운 설봉호를 중심으로 산책로도 조성되어 있어 걷기에도 좋다. 세계도자

01 이천 도예촌 내에 있는 상점. 다양한 도자기와 그릇을 저렴한 가격에 판매한다.
02 설봉호에 떠 있는 도자기. 호수에 비추는 도자기는 신비로운 느낌까지 들게 한다.

혼자 걷기 좋은 설봉공원 내 산책로. 설봉공원은 걷기에 예쁜 길이 많아
도보 운동을 즐기는 사람들이 많다.

설봉공원 입구에 서 있는 안내 표시. 설봉공원 내 국제조각공원에서 볼 수 있는 예쁜 꽃

비엔날레와 이천도자기축제, 이천쌀문화축제가 개최되기도 하는 설봉공원에는 창경궁의 외관을 본떠 지은 이천시립박물관, 38개국 유명 작가들의 조각 작품 90여 점이 전시된 국제조각공원, 서정주 시인의 시를 볼 수 있는 문학동산, 고려 시대부터 구한말까지 이천이 배출한 충신, 효자, 열녀, 애국지사들의 행적을 기리기 위해 조성된 충효동산과 사시사철 아름다운 자태를 뽐내는 설봉호 등이 있어 공원을 돌아보는 데 꽤 많은 시간이 소요된다.

설봉호는 그 둘레가 1.05km에 달하고 호수 주변에는 세계 유명 작가들의 조각 작품들도 있어 운동을 즐기는 사람들뿐 아니라 걷기 좋아하는 여행객들에게도 많은 사랑을 받고 있다.

푸짐한 밥상에 감격한 쌀밥거리

● 　　　　　설봉공원에서 쌀밥거리는 비교적 가까운 거리에 있지만, 걸어서 가기에는 부담되어 나는 택시를 타고 이동했다. 친절한 택시 기사는 쌀밥거리에 대한 정보는 물론 이천도예촌에 대한 설명도 해주었다. 이천에 여행 온 사람이라면 쌀밥거리에서 꼭 밥을 먹어보길 추천한다. 평생 기억에 남을 만한 푸짐한 밥상을 받을 수 있다.

식당 안으로 들어서자 나보다 먼저 온 커플이 조용히 앉아 있었다. 하지만, 밥상이 차려지자 이들은 이성을 잃었다. 여자는 환호성 비슷한 소리를 질러댔고, 남자는 자리에서 일어나 카메라 셔터를 눌러댔다. 음식을 먹

설봉공원 내에 있는 조각 작품. 날씨에 따라 다르게 보인다.

기 전 이들은 온갖 감탄을 쏟아낸 후에야 밥을 먹기 시작했다. 이들의 호들갑스러운 행동이 끝난 후 이번에는 내가 그 의식을 되풀이했다. 내 앞에 밥상이 차려지자 나 역시도 입이 벌어졌다. 일어서서 카메라를 연신 눌렀고 한참을 보고, 느끼고, 감탄한 후 음식에 손을 댔다. 그야말로 이천 쌀밥거리에서 선보이는 밥상은 정성을 넘어 예술이고, 감동이었다.

밥을 먹은 후 마지막 코스로 쌀밥거리 바로 맞은편에 위치한 이천도예촌으로 향했다. 도예촌은 작은 규모의 가게들이 모여 있는 곳인데 아기자기한 그릇과 찻잔들이 보는 것만으로도 만족을 주었다.

눈 근육은 하루 동안 약 10만 번 움직인다고 한다. 눈은 우리가 생각하는 것보다 훨씬 더 많은 것을 보며 하루를 보낸다. 그래서 마음으로 느낀 것보다 눈으로 본 것들이 더 오래 남는지도 모른다. 외로운 감정보다 더 오래 당신의 인생을 지배하는 것은 당신이 눈으로 본 것들이다. 좋은 것을 많이 볼수록 인생은 더 풍요로워진다.

추천 맛집

태평성대

쌀밥거리로 불리는 거리에는 한식을 파는 식당들이 모여 있다. 이천 쌀로 지은 돌솥밥과 20가지 이상의 반찬이 나오는 이천 쌀밥정식은 찾아온 이들에게 놀라움과 감동을 안겨준다. 이천도예촌에서 가까운 곳에 있는 쌀밥 음식점 '태평성대'에서는 이천 쌀밥정식을 11,000원에 판매하고 있다. 반찬이 2인 기준이기 때문에 혼자 가면 주인과 가격을 협상하는 것이 좋다.

위치 경기도 이천시 경충대로 3044
시간 10:30~22:00
휴관 명절
전화 031-638-8088

토야랜드에는 재미있고 이색적인 작품들이 많다.

제1코스에서 볼 수 있는 탁자식 고인돌

2509

Info.

주소 전북 고창군 고창읍 도산1길 42
전화 고창군청 문화관광과 063-560-2220
시간 연중무휴
요금 무료
교통 승용차 ❶ 고창 나들목 → 아산 방면 2km → 고인돌마을
❷ 정읍 나들목 → 고창 방면 → 고인돌 유적지 → 고인돌마을
❸ 백양사 나들목 → 고창 방면 → 고창군청 → 선운사 방면 → 고인돌마을
대중교통 고창 시외버스 터미널에서 고인돌마을행(아산, 죽림) 버스 이용
홈페이지 goindol.invil.org

| LANDSCAPE | WALK | TRADITION | REST | MOUNTAIN | MARKET |

003

한국에서 가장 큰
고인돌 밀집 지역

고인돌마을

고인돌마을에 갈 때 챙겨 가면 좋은 준비물이 있다. 오베이골 탐방로에는 매점은 물론 음료 자판기도 없고 화장실도 찾기 어렵다. 고인돌마을 입구에 매점과 화장실이 있으니 마을로 들어가기 전 마실 음료와 간식 등을 미리 구매하는 것이 좋다.

●   옛날이나 지금이나 돌, 나무 등을 신성시하는 사람들이 있다. 산이나 사찰에 가면 소원을 빌기 위해 돌을 쌓아 놓은 것을 쉽게 발견할 수 있고, 오래된 나무 앞에서 두 손을 모아 빌기도 한다. 만물의 영장이라 불리는 사람도 자신들보다 오래 살아온 것에는 고개를 숙인다. 나는 고인돌마을에 도착해 고인돌에 가만히 귀를 대보았다. 고인돌은 몇천 년 전 이야기를 단단한 품 안에 간직하고 있는 것만 같았다.

2,500년의 세월을 견딘
커다란 돌덩어리

● 우리가 묘지로 알고 있는 고인돌은 청동기 시대의 대표적인 무덤 양식으로 지석묘(支石墓)라고도 부른다. 한국은 세계적으로 고인돌이 많은 국가 중 하나로, 그중 전북 고창에 있는 고인돌 마을은 세계 최대의 고인돌 밀집지이다. 이곳의 고인돌은 2,500년이란 세월을 견뎌낸 것으로, 그 세월만으로도 찾아오는 이들에게 감동을 준다.

고인돌마을은 제1코스에서 제6코스까지 이어진다. 지상에 굄돌을 세우고 그 위에 편평한 돌덮개를 얹은 탁자식 고인돌, 하단부를 판석이 아닌 굄돌을 사용한 바둑판식 고인돌, 땅속에 무덤방을 만들고 무덤방 뚜껑으로 커다란 돌만 올려놓은 개석식 고인돌 등 다양한 형태의 고인돌이 모여 있다. 잘 다듬어진 푸른 잔디 위에 고인돌이 있어서 그런지 공동묘지라는 느낌보다는 아름다운 공원 같은 느낌이 든다.

고인돌 제작 과정을 자세히 살펴보면 하나하나 사람의 정성이 들어갔음을 알 수 있다. 무덤방 위에 올리는 덮개돌은 겉으로 보기에도 그 무게가 상당해 보인다. 이렇게 큰 돌을 발견하고, 다듬고 또 많은 사람이 이 돌을 옮겼을 수고를 생각하면 그 가치를 다시 생각하게 된다.

고인돌 탐방 코스로 향하는 길에 위치한 선사마을

고인돌은 주변 환경과 어우러져 마치 자연적으로 생성된 자연의 일부 같아 보인다. 앞에는 꽃밭도 펼쳐져 있어 산책을 즐기기에 더없이 좋다. 그런데 내가 걷는 산책길에는 사람이 별로 없었다. 사람들은 유독 어느 한 방향으로만 걸어갔다. 바로 오베이골이었다.

전북 고창에 있는 세계 최대의 고인돌 밀집 지역. 고인돌이 모여 있는 곳으로 사적 제391호로 지정되었다.

01 오베이골 산책로 **02** 오베이골에 있는 종. 소망의 종을 지나 조금만 걸으면 운곡고인돌을 만날 수 있다. **03** 오베이골에 있는 벤치. 오베이골에는 앉아서 쉴 수 있는 쉼터가 곳곳에 있다.

동양에서 가장 큰
운곡고인돌

산책객도, 등산객도, 도토리를 줍는 사람들도 모두 오베이골로 걸어 들어갔다. 나는 사람들을 따라 오베이골로 향했다. 동양에서 가장 큰 고인돌을 보려면 어쩔 수 없이 오베이골로 들어가야 했다.

오베이골에는 운곡저수지도 있고 화시봉 등산로도 있었다. 왜 이곳으로 사람들이 몰렸는지 그 이유를 쉽게 알 수 있었다. 오베이골은 운곡 지구의 최고봉인 화시봉을 연결하여 3.4km의 탐방로와 7.6km의 등산로를 개설한 길이다. 오베이골이란 말은 오방골의 전라도 사투리인데 호비골, 호비동 오방골, 오방동으로 불리고 있다. 왕복으로 걸으면 1시간 30분에서 2시간 정도가 소요되며, 주변 경관은 자연으로 둘러싸여 있어 산책의 즐거움을 느낄 수 있을 만큼 아름답다.

산책길이 끝나는 지점에 운곡고인돌이 마치 기다렸다는 듯이 있었다. 고창 고인돌마을에는 여러 종류의 고인돌이 있지만 그 크기가 운곡고인돌을 따라가지 못한다. 동양에서 가장 큰 고인돌인 운곡고인돌은 고인돌 밀집 지역에서 멀리 떨어져 있었다.

지위에 따라 고인돌의 크기를 결정한 것으로 미루어 볼 때 운곡고인돌은 마을 최고 수장의 무덤인 것 같은데 왠지 외로워 보였다. 예나 지금이나 리더의 외로움은 숙명인 듯하다. 운곡고인돌을 본 후 되돌아 나오는 길은 올 때와는 또 달랐다.

해가 뉘엿뉘엿 넘어감에 따라 고인돌마을 풍경도 달라졌다. 마치 여러 장의 그림을 감상하는 기분이 들었다.

내가 묘지로, 그것도 혼자서 여행을 간다고 했을 때 사람들은 걱정스러운 말을 쏟아냈다. 그런데 그것은 모두 오해 섞인 말들이었다. 그들은 모두 고인돌마을에 가본 적이 없었다. 자신들이 생각하는 묘지의 이미지만으로 내 여행을 반대했다. 고인돌 마을 여행을 마친 후, 묘지에 대한 편견을 가진 그들에게도 이곳을 추천해주고 싶었다.

추천 맛집

제일식당

고인돌마을 내에서는 식당을 찾기 어렵다. 그러니 고인돌마을로 오기 전 미리 식사하거나 음식을 싸서 가는 것이 좋다. 고창시외버스터미널에 있는 제일식당에서 자장, 우동 등을 4천 원대에 판매하고 있는데 맛이 좋은 편이다.
위치 고창시외버스 터미널 바로 뒤편에 위치.
전화 063-564-2995

운곡고인돌 앞에 있는 비석. '한국 최대 운곡 지석묘'라고 쓰여 있다.

운곡고인돌. 동양 최대 고인돌로 오베이골을 지나야 볼 수 있다.

Info.

주소 전남 순천시 낙안면 충민길 30
전화 ❶ 낙안읍성 관광 안내소 061-749-3347
　　 ❷ 순천시 관광 안내소 061-749-3107
시간 09:00 ~ 17:00(12월~1월) / 09:00 ~ 18:00(2월~4월) / 08:30 ~ 18:30(5월~10월) / **휴관** 연중무휴
요금 성인 2,000원, 청소년 1,500원, 어린이 1,000원
교통 승용차 서울(호남고속도로) → 주암나들목 → 송광사 삼거리 → 곡천 삼거리 → 낙안읍성민속마을
　　 대중교통 ❶ 서울 고속버스 터미널 또는 동서울 터미널에서 순천행 고속버스 이용 → 순천고속·시외버스터미널에서 63, 68번 시내버스 이용
　　 ❷ 용산역에서 여수행 열차 이용 → 순천역에서 63, 68번 시내버스 이용
홈페이지 www.nagan.or.kr

| LANDSCAPE | WALK | **TRADITION** | REST | MOUNTAIN | MARKET |

004

해학과 여유가 있는 마을

낙안읍성민속마을

전라남도 순천시 낙안면 남대리에 있는 낙안읍성은 선조들의 정취가 살아 있는 280여 동의 초가집이 온전히 보전되어 있으며, 90여 세대에 220여 명의 주민이 살아가고 있는 전국 유일의 옛 도성이다. 동문을 시작으로 낙풍루 → 대장간 → 임경업군수비각 → 낙민루 → 낙안읍성자료관 → 전시가옥 → 서당 → 쌍청루 → 연지순으로 돌아보면 약 1시간 정도 소요된다.

● 　　　　　　김대중 전 대통령은 한국의 역대 대통령 중 가장 유머 감각이 뛰어난 인물로 꼽힌다. 한 방송 프로그램에 출연해 "사형선고를 받았던 80년, 아내가 김대중을 살려 달라고 기도하는 게 아니라 하나님 뜻에 따르겠다고 기도하는 것을 보고 가장 섭섭했다."라고 말해, 주변을 웃음의 도가니로 몰아넣었다. 김대중 전 대통령의 대범함을 엿볼 수 있는 일화다.

　김대중 전 대통령은 전라남도에서 태어났다. 전라남도는 대한민국의 남서쪽 끝에 있는 지역이다. 그곳에 있는 낙안읍성민속마을은 겉으로는 고즈넉해 보이지만 강단과 여유로움이 있는 곳이다.

여유로운 기운이
감도는 곳

● 낙압읍성민속마을은 마한의 옛터로서 백제 시대에는 파지성, 분차, 분사라고 불리기도 했다. 고려 태조 23년(940년)에 낙안군으로 개칭되었다. 국난이 있을 때마다 힘 있게 일어난 고장으로도 유명한데 조선 태조 6년(1397년), 왜구가 침입했을 때 이 고장 출신의 김길빈 장군이 의병을 일으켜 토성을 쌓고 왜구를 토벌했다.

또한 판소리 대가와 뛰어난 국악인을 배출한 곳으로도 유명하다. 가야금 병창(並唱)의 최고봉인 오태석 명인은 낙안읍성민속마을 내에서 태어났다. 판소리 동편제의 대가이자 나라에서 인정한 명창 송만갑 선생도 낙안읍성에서 생활하고 제자들을 가르쳤다. 현재 낙안읍성민속마을에는 이들이 거주했던 가옥이 그대로 보존되어 있다.

낙안읍성 내에는 관아와 100여 채의 초가가 그대로 보존되어 관광지라는 느낌보다는 타임머신을 타고 옛날로 돌아간 기분이 들었다. 마을은 6·25 한국전쟁을 거치면서 많이 훼손되었지만 1983년 6월 14일 성과 마을이 국내 최초로 사적지(사적 제302호)로 지정되면서 복원되었다.

낙양읍성 민속마을 내에 있는 가옥과 물레방아

주민이 살고 있어서 출입이 금지된 곳도 있지만 비교적 자유롭게 들어가 구경할 수 있는 집들이 많다. 마을 전체에 흐르는 여유로운 기운은 혼자 여행하는 나에게도 영향을 주었다. 나는 그 어느 때보다 자유롭고, 즐겁게, 오래도록 마을을 구경했다.

낙안읍성민속마을을 빛내는 가옥들

● '체험 가옥'이라 쓰여 있는 곳에 사람들이 붐벼 들어가 보았다. 단순히 전통 문화를 체험하는 곳인 줄 알았는데 '낙안성 김대자 가옥'으로 중요민속자료 제95호로 지정된 곳이었다. 19세기 초에 건축된 것으로 추정되는 가옥이었다. 특이한 점은 작은방 앞 처마 밑에 토담을 둘러쳐서 작은 부엌을 만들어 놓았는데 이것은 중부지방의 오래된 민가에서 가끔 보이는 방법이다. 19세기 말 우리 선조의 생활을 볼 수 있는 것은 물론 직접 체험해 볼 수 있는 공간도 있어 마을을 찾은 이들에게 만족감을 주고 있었다.

체험 가옥을 지나면 조선조 중종 시대에 활약했던 한 여성의 성공 이야기를 다룬 드라마 〈대장금〉 촬영지를 볼 수 있다. 대장금 세트장을 비롯하여 낙안읍성민속마을 내에 있는 동헌, 내야, 물레방아 등도 드라마에 자주 등장할 만큼 유명한 볼거리다. 그리고 관아와 멀리 떨어진 곳에 있는 옥사지(獄舍地)도 볼 만했다. 고을 내의 죄수들을 수용했던 곳으로 옥사 주변의 연못(연지 蓮池)은 죄수들의 탈주를 막아주는 효과가 있었을 것으로 추측된다.

주변 사람들에게 낙안읍성민속마을에 다녀왔다고 말하니 그들은 내게 이런 말을 한다.

"아직도 사람들이 살고 있던가요?"

01, 02 낙안읍성민속마을 내에 있는 가옥. 실제로 90여 세대가 살고 있다.

낙안읍성민속마을에는 90여 세대, 220여 명의 주민이 살고 있다. 조용하고, 깨끗하고, 아름다워서 사람들이 살기에 좋았다. 낙안읍성민속마을은 거의 평생을 아파트에서만 살아 온 내게 자연의 섭리에 따라 살아가는 방법을 가르쳐 주고 보여 주었다.

좋은 상황에서는 누구나 재미있는 말을 할 수 있고 웃을 수 있다. 하지만, 진짜 강한 사람은 어려운 상황에서도 상대방을 배려하고 웃을 수 있는 여유가 있는 사람이다. 나 홀로 여행은 어떤 상황에서든 웃으며 즐기는 방법을 배우기 때문에 사람을 강하게 만들어 준다.

추천 맛집

성내 식당

낙안읍성민속마을 내에 음식점이 모여 있다. 비빔밥, 보리밥, 백반, 소머리국밥, 더덕무침, 파전, 도토리묵, 콩나물국밥 등을 선보이고 있다.

위치 낙안읍성민속마을 내
전화 061-754-3150

| LANDSCAPE | WALK | TRADITION | REST | MOUNTAIN | MARKET |

005

영국 여왕도 반한 전통 한옥 마을

안동하회마을

한국 서원 건축의 백미로 꼽히는 병산서원은 안동하회마을에서 조금 떨어져 있다. 병산서원으로 가는 병산행 버스(46번 버스)는 하루 두 차례(안동발 10:30, 14:40 행선지발 11:40, 16:00) 있으니 병산서원을 보고 싶다면 시간표를 잘 보고 여행 스케줄을 짜야 한다.

● 살면서 가슴 뛰는 일을 만나기란 쉽지 않다. 나이가 들수록 더하다. 유네스코 세계문화유산으로 등재된 안동하회마을을 찾았을 때 나는 엘리자베스 2세 영국 여왕이 왜 이곳을 아름다운 마을이라고 극찬했는지 알 것 같았다. 안동하회마을은 약 600여 년간 대대로 주민이 살아온 자연 마을로 127개 가옥 중 12개 가옥이 보물 및 중요민속자료로 지정될 만큼 아름답다. 나는 이곳에서 인위적인 관광지의 모습이 아닌 전통이 살아 숨 쉬는 삶의 기운을 느꼈다.

Info.

주소 경북 안동시 풍천면 하회종가길 40-1
전화 하회마을 관광 안내소 054-852-3588 / 하회마을 관리 사무소 054-854-3669
시간 연중무휴
요금 어른 3,000원, 청소년 1,500원, 어린이 1,000원
교통 승용차 서울(경부, 중부고속도로) → 영동고속도로 → 중앙고속도로 → 서안동나들목 → 풍산 → 하회마을
대중교통 서울 고속버스 터미널이나 동서울 터미널에서 안동행 고속버스나 직행버스 이용 → 안동터미널 하차 → 안동터미널 근처에서 46번 시내버스 이용 → 하회마을 하차
홈페이지 www.hahoe.or.kr

풍경이 예쁜
기품 있는 마을

● 건강하게 살고 싶으면 땅에서 자란 것을 가까이하라는 말이 있다. 그래서 나는 전통이 살아 숨 쉬는 안동하회마을로 갔다.

혼자 찾은 안동하회마을은 새롭고 좋은 일들이 기다리고 있었다. 그리고 운도 좋았다. 안동 시외버스 터미널에 도착하니 마침 하루에 두 번만 있다는 병산서원행 버스가 기다리고 있었다.

병산서원은 흥선대원군이 서원 철폐령을 내렸을 때에도 헐리지 않고 그대로 보존될 만큼 역사적으로 보존 가치가 높은 곳이다. 선조 때 도체찰사(都體察使)와 영의정을 지냈던 정치가이며 유학자인 서애 류성룡이 선조 8년에 지금의 풍산읍에 있던 풍악 서당을 이곳으로 옮겨온 것이 병산서원의 시작이다. 류성룡 선생을 따르던 제자와 유생들이 이곳에 위패를 모시는 사당을 세웠으며, 이 덕분에 학문을 연구하는 강학 공간과 제사를 지내는 제향 공간을 모두 갖춘 정식 사원이 되었다. 서원이 번성하던 시기에 본보기로 여겨질 만큼 건축미가 빼어나고 보존 또한 잘되어 있어 '한국 서원 건축의 백미'로 꼽힌다.

병산서원

버스를 타고 안동하회마을에 도착하자 버스 운전기사가 자랑스럽게 외쳤다. "이 마을에 있는 집들은 500년이 넘었소."

안동하회마을은 풍산 류씨가 600여 년간 대대로 살아온 한국의 대표적인 동성(同姓)마을로도 유명하지만, 조선 시대부터 가장 살기 좋은 마

병산서원 내에 있는 만대루. 만대루에 올라가면 주변 경관이 한눈에 보인다. 과거와 현재, 전통이 살아 숨 쉰다.

하회마을을 걷다 보면 땅의 기운이 느껴진다. 흙과 돌로 지은 오래된 가옥은
건강한 기운을 뿜어낸다.

01 예술 창작의 집 **02** 사람이 살고 있는 가옥 **03** 하회마을 내의 가옥 **04** 만송정 솔숲 근처에서 볼 수 있는 옹기

을로 꼽힐 만큼 지형 조건이 빼어나다. 관광지라고 해도 주민이 살고 있기 때문에 남의 집에 함부로 들어가면 안 된다. 다행히 무료로 들어가 구경할 수 있는 가옥들이 많아 여행에 즐거움을 주었다.

1999년 영국 여왕 엘리자베스 2세가 다녀간 흔적은 마을 입구에 고스란히 간직되어 있었다. 여왕이 담연재(조선 시대 대유학자 서애 류성룡 선생의 12대손인 류선우 씨의 저택, 탤런트 류시원 씨의 본가)에서 하회별신굿탈놀이를 관람할 때 앉았던 의자와 탁자, 충효당에서 여왕이 안동하회마을 방문을 기념하기 위하여 안동시장, 종손과 함께 기념식수 시에 사용했던 삽과 여왕의 73회 생일을 기념하기 위해 차렸던 생일상 등은 당시의 분위기를 잘 설명해주고 있었다.

유네스코 세계문화유산에 등재된 한국의 역사 마을

마을 입구에 있는 전시관. 영국 여왕의 흔적이 고스란히 남아 있다.

● 마을을 돌아보다 사람들이 유난히 몰리는 골목길로 발걸음을 옮겼다. 예쁜 골목길로 들어가니 삼신당(三神堂)이 있었다. 안동하회마을의 정중앙에 있는 삼신당은 아기를 점지해주고 출산과 성장을 돕는 신목으로 알려진 마을의 신이 깃들어 있는 곳이다. 매년 대보름이면 마을의 안녕을 비는 동제가 이루어지며 하회별신굿 탈놀이의 춤판이 가장 먼저 행해지는 곳으로도 유명하다. 삼신당에 있는 느티나무는 약 600여 년의 역사를 지닌 것으로 추정되며 풍산류

마을 입구에서 본 하회마을

씨 입향 시조인 공조전서 류종혜 공이 안동하회마을에 들어올 때 심었다고 전해지고 있다. 사람들은 삼신당 신목 앞에서 소원도 빌고 기념사진도 찍었다.

이 외에도 충효당과 함께 안동하회마을의 남촌을 대표하는 주택으로 중요민속자료 제90호로 지정된 남촌댁도 볼만하다. 조선 정조 21년(1797년)에 형조좌랑 류기영이 건립한 건물로 지금은 문간채와 별당, 사당만이 남아 있다. 건립 당시에는 대문채, 몸채, 별당, 사당이 있는 전형적인 양반 주택이었다고 한다.

삼신당 신목. 소원을 적은 종이가 나무를 둘러싸고 있다.

그리고 한류 스타 배용준의 사진을 걸어 놓은 북촌댁은 조선 중기 지중추부사를 지낸 류사춘이 정조 21년(1797년)에 작은 사랑과 좌우익랑을 건립한 것이 시초이다. 이후 그의 종손인 석호 류도성이 철종 13년(1862년)에 안채, 큰사랑, 대문간, 사당을 건립하면서 현재의 모습을 가지게 되었다. 영남의 대표적인 양반 가옥으로 전형적인 사대부 주택의 면모를 보여 주고 있다.

그런데 남촌댁이나 북촌댁보다 외국인들이 유난히 관심을 두는 집이 있었다. 남촌댁이나 북촌댁처럼 내부를 구경할 수 없음에도 외국인들은 대문 앞에서 한참을 서성거리며 문 앞에서 사진을 찍고 담장을 만졌다. 문패를 보니 '류시원'이라는 이름이 적혀 있었다. 한류 스타 류시원의 생가였다. 이 집은 담연재로 불리며 창덕궁을 복원한 인간문화재 도편 신응수 선생이 건축한 전통 가옥이다. 영국 여왕도 안동하회마을 방문 당시 이곳을 찾았다. 류시원은 서애 류성룡의 13대손이다. 나도 외국인들처럼 류시원이 대문을 열고 나오지 않을까 하는 기대를 하면서 한참을

남촌댁.
충효당과 함께 남촌을 대표하는
가옥이다.

담연재. 배우 류시원의 생가로
외국인 관광객들에게 특히 인기
가 있다.

추천 맛집

하회 장터

하회마을 매표소 옆에 식당들이 모여 있는 하회 장터가 있다. 간고등어 정식, 안동찜닭, 해물파전, 촌두부 등을 선보이고 있다. 두툼한 살이 매력적인 간고등어 정식이 특히 인기가 좋다. 하회마을 안에는 음식점을 찾기 어려우니 식사를 이곳에서 하고 가는 것이 좋다.
위치 하회마을 매표소 바로 옆에 보인다.

그 집 앞에서 서성거렸다.

안동하회마을에서의 나 홀로 여행은 비교적 즐거웠다. 워낙 다양한 사람들이 방문하고 있어 혼자 다니는 나의 존재가 눈에 띄지 않았다. 여행객은 노인에서부터 아이에 이르기까지 나이대도 다양했다. 안동하회마을은 혼자 다녀도 편안하고 재미있는 동네였다.

사람들과 이야기하는 시간이 줄어들고 갈수록 낮아지는 퇴직 연령 탓에 무리에서 일찍 떨어져 나와야 하는 오늘날, 우리에게 필요한 것은 혼자서도 즐겁게 지낼 수 있는 사고방식이 아닐까.

담연재 앞에 모여 있는 외국인들

담연재. 입춘대길, 건양다경이라 쓰인 종이가 붙어 있다.

| LANDSCAPE | WALK | TRADITION | REST | MOUNTAIN | MARKET |

006

전통 체험 공간
만족을 주는
모두에게

한국민속촌

한국민속촌은 흙길로 된 길이 많기 때문에 운동화 같은 편안한 신발을 착용하는 것이 좋다. 가족뿐 아니라 외국인들과 친구들끼리 삼삼오오 짝을 지어 놀러 온 사람들도 많았다.

● 　　　　　서울에 올라왔을 때 내 집은 한동안 방문자 숙소로 쓰였다. 지방에 사는 가족들은 물론 친구들까지 서울 구경을 위해 올라왔다. 덕분에 한동안 나는 서울에 올라온 이들을 가이드 해주느라 바빠서 집에 내려가지 못했다. 당시 나도 서울 관광 명소에 대해 아는 게 별로 없었기에 무조건 인사동이나 경복궁으로 향했다. 특별한 관광 명소를 찾다 우연히 한국민속촌에 가게 되었고, 다채로운 볼거리가 있는 한국민속촌 마니아가 되었다.

Info.

주소 경기도 용인시 기흥구 민속촌로 90
전화 031-288-0000
시간 대체로 09:00에 시작, 18:00에 폐장한다.
요금 자유이용권 성인 20,000원, 청소년 17,000, 어린이 15,000원
 *삼성카드 사용 시 자유이용권 50% 할인
교통 승용차 경부고속도로(또는 영동고속도로, 신갈 안산 간 고속도로) 이용 → 수원, 신갈 나들목 → 민속촌 진입
 대중교통 지하철 2호선 강남역 10번 출구 → 출구 방향으로 전방 250m CGV 맞은편 인도 쪽에서 5001-1번 버스 이용 → 한국민속촌 하차
*무료 셔틀버스 이용하기 지하철 1호선 수원역 4번 출구 50m 전방 종합관광안내소 내 민속촌 영업소에서 한국민속촌 셔틀버스 승차권을 무료로 발급받는다.(운행 시간 10:30 / 11:30 / 12:30 / 1:30 / 2:30 5회 운행, 약 30분 소요)
홈페이지 www.koreanfolk.co.kr

한국민속촌에 가면 양반가, 민가, 농가 등 다양한 전통 가옥을 볼 수 있다.

가족공원 내에 있는 보트라이드. 자유이용권을 구입하면 별도 요금 없이 이용할 수 있다.

가족공원으로 가는 길에 보이는 배. 공원교에서 보면 잘 보인다.

가족공원 내에 있는 세계민속관.

이국적인 모습의 세계민속관.

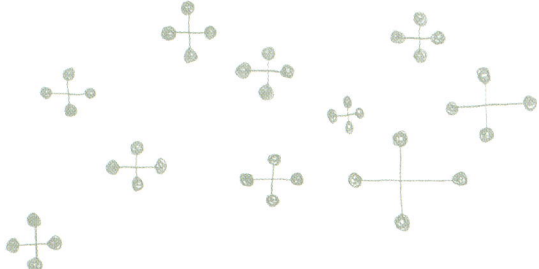

365일
재미있는 마을

● 　　　　　한국민속촌 하면 수학여행지나 외국인들을 위한 여행지로 알고 있는 사람들이 많다. 모두 맞는 생각이다. 하지만 한국민속촌은 가족들과 함께 가도 재미있고 혼자 가도 재미있는 곳이다. 나는 한국민속촌을 여러 형태로 즐겨 보았다. 단체 여행, 가족 여행, 외국인과의 동행을 비롯해 나 홀로 여행도 해봤다. 어떤 것이 가장 재미있었느냐고 물어본다면 똑 부러지게 한 가지만 선택할 수 없다. 모두 기억에 남는 여행이었다. 여러 번 가봐서 지도를 안 봐도 어디가 어딘지 잘 찾을 수 있다는 장점도 있다.

　한국민속촌에 도착하자마자 나는 가족공원으로 향했다. 이름은 가족공원이지만 사실 이곳은 혼자서 구경하기에도 적합한 곳이다. 세계민속관과 조각공원, 놀이공원, 가족영상관 등으로 이루어져 있어서 혼자서도 다양한 체험을 할 수 있다.

박물관, 전통 민속관, 승마 체험장, 관아, 도깨비집들이 있는 민속 경관 지역 또한 재미있는 볼거리가 가득하다.

막걸리 마시는 외국인들

● 최근에 지인들과 서울 근교의 산을 찾았을 때의 일이다. 나를 비롯해 산행하던 사람들이 금발 머리의 젊은 외국인들이 산 정상에 앉아 막걸리를 마시는 광경을 보고 발걸음을 멈췄다. 산에서 외국인들을 본 것이 신기한 것이 아니라 이들이 막걸리를 물처럼 마시고 있는 모습이 낯설었다.

그런데 한국민속촌에서도 이와 비슷한 풍경을 보게 되었다. 외국인들이 장터에 앉아 국밥과 함께 막걸리를 마시고 있었다. 얼굴에는 살짝 취기다 오른 것 같았지만 표정은 유쾌해 보였다. 막걸리가 와인을 위협한다고 하는데 정말 빈말은 아닌 것 같았다. 아무리 외국인들에게 한국 음식의 우수성을 강조해도 맛이 없으면 안 먹는 것이 사람의 입맛이다. 그런데 막걸리의 구수한 맛에 반하는 외국인들이 점차 늘어나는 걸 보면, 막걸리가 곧 세계인의 입맛을 사로잡을 것 같다는 유쾌한 상상을 하게 된

주점에서 막걸리를 마시는 외국인들.

01 민가 **02** 무명 길쌈하는 모습 **03** 한국민속촌 내 가옥은 내부를 볼 수 있게 문을 열어 놓은 곳이 많다. **04** 저장고. 김치 등을 저장하는 것으로 짚으로 만들었다.

01 김치만들기 체험 02 소박한 우리네 식탁 03 선조들의 의복 04 전통결혼식에 사용되는 가마

추천 맛집

민속장터

공방과 주막이 늘어선 저잣거리이다. 한국민속촌에서 재배한 무공해 친환경 재료를 사용한 토속음식 20여 가지를 맛볼 수 있다. 한국 민속촌 내에는 민속장터 외에도 입구 쪽에 음식점이 많이 모여 있다.

위치 매표소에서 도보 15~20분 거리에 위치

다.

 나 또한 장터에서 그들 틈에 끼어 국밥을 든든히 먹은 후 서민 가옥과 양반 가옥을 복원해 놓은 민속 가옥을 구경하고 마당에서 펼쳐지는 흥겨운 농악도 구경했다. 혼자 구경을 하니 다른 사람의 눈치를 볼 필요가 없어서 마음이 바쁘지 않았고, 나는 그렇게 천천히 보고 걸었다.

 단체로 다닐 때는 늘 마음에 조급증이 있었다. 타인을 배려하느라 바빴고 그들이 즐겁게 보고 있나 살폈다. 하지만, 나 홀로 여행은 오로지 내 감정에만 충실할 수 있어서 여유로웠다.

| LANDSCAPE | WALK | **TRADITION** | REST | MOUNTAIN | MARKET |

007

모던보이, 모던걸이
사랑한 거리

서촌길

서촌길은 거대한 갤러리 같은 모습이다. 실제로 갤러리가 많다. 무료로 개방한 곳이 많으니 부담 갖지 말고 들어가 보자. 이곳은 주민들이 살고 있는 곳이기 때문에 골목을 걸을 때는 조용히 걷고, 쓰레기는 버리지 않는 등 피해 주는 일은 삼가자. 오르막이나 내리막이 없어 걷기에는 불편함이 없다.

● 양복 입은 남자와 양장한 여자가 서울에 등장하기 시작한 것은 1920년대였다. 그들은 헤어스타일도 달랐다. 사람들은 그들을 모던보이, 모던걸이라 불렀다. 이들은 주로 명동 주변과 경복궁 주변에 출몰했다. 경복궁이 영화 '모던보이'의 촬영지가 되었던 것도 우연이 아니다. 서촌이라고 하면 문학, 유행, 커피가 떠오르지 않는가. 이는 비단 오늘날만의 이야기가 아니다.

Info.

위치 서울 종로구 자하문로 일대
교통 대중교통 지하철 3호선 경복궁역 3번, 4번 출구

한옥이 많은 것이 특징이다.

골목길 사이에는 오래된 한옥도 많다.
옛 서울의 모습을 고스란히 담고 있다고 해도 과언이 아니다.

경복궁 옆 동네

● 청와대가 있어 경비가 철저하기 때문에 서촌길은 보호받고 있는 동네라는 느낌이 든다. 경비를 서는 사람들이 많아 편한 점도 있다. 한적하고 오래된 골목길이 무섭게 다가오지 않는다는 것이다. 청와대가 있기 때문인지 건물들은 대부분 단층으로 고층 건물은 찾기 어렵다. 골목길 사이에는 현대식 카페들도 많지만 오래된 한옥도 많다. 옛 서울의 모습을 고스란히 담고 있다고 해도 과언이 아니다.

경복궁의 서쪽 일대를 일컫는 서촌길은 옛날부터 평범한 곳이 아니었다. 왕이 거주하는 곳이 바로 옆에 있어 옛날부터 주목을 많이 받았기 때문이다. 조선시대 영조의 잠저였던 창의궁, 한글을 창제하고 과학 기술을 발전시킨 세종대왕이 태어난 곳도 서촌이다. 천연기념물 백송, 나라에서 충신, 열녀, 효자를 기려 하사했던 상징적인 붉은 문인 홍문도 이곳에 있었다. 또 1956년 민주당 대통령 후보 자격으로 선거 유세 도중에 갑자기 숨진 해공 신익희 선생의 가옥도 있다.

경복궁 바로 옆에 보이는 보안여관은 80년 역사를 자랑하는 서촌 대표 명물이다. 이곳은 단순한 여관이 아니라 윤동주, 이중섭. 이상, 서정주 등 많은 문학가들이 투숙하거나 다녀간 곳이다.

서촌에서 유명한 것은 한두 가지가 아닌데 심지어 고등학교도 유명하다. 서촌에 위치한 경복 고등학교는 이름만 대면 알만한 유명 인사들을 대거 배출했다. 가수 유희열, 현대자동차 회장 정몽구, MC 임성훈, 연예

카페와 작은 서점이 많은 것이 장점이다.

인 신동엽, SM엔터테인먼트 프로듀서 이수만, 탤런트 홍요섭, 현대백화점 대표이사회장 정지선, 삼성전자 부회장 이재용, 행남자기 회장 김용주, CJ 대표이사회장 이재현, 한진그룹 회장 조양호, 정치인 문희상, 남양유업 회장 홍원식, 행남자기 회장 김용주, LG전자 대표이사부회장 구본준, 소설가 황석영, 가나아트센터 회장 이호재, 신세계 대표이사 정용진, 전 중앙일보 논설위원 이연홍, 현대백화점 부회장 정교선, 탤런트 김범, 가수 최희준이 경복 고등학교 출신이다.

이곳은 아무래도 터가 좋아 왕이나 인재도 많이 배출된 것이 아닐까 하는 생각이 든다. 혼자서 거닐다 보면 좋은 기운이 몸 안에 들어오는 느낌이 드는 것도 단순히 기분상의 느낌은 아닌 것 같다.

독에 든 정겨운 강아지

조금만 걸으면 청와대와 북촌, 인사동으로 넘어갈 수 있기에 외국인 관광객들에게도 많은 사랑을 받는 서촌은 카페와 갤러리로 가득 차 있다. 갤러리는 입장료가 있는 곳이 드물기에 주머니에는 커피값과 밥값 그리고 차비만 있으면 된다.

유명한 관광지이지만 주중에는 거리를 거니는 사람들이 많이 없다는 것도 이곳의 장점이다. 그야말로 혼자서 걷기에 좋은 조건을 갖추고 있다.

오랜 역사를 지닌 통의동 보안여관

나 홀로 여유를 만끽할 수 있는 카페들이 많은 서촌

은근히 매력적인
힐링 거리

● 　　　　　서촌은 단순한 여행지가 아닌 힐링 공간이다. 오래된 한옥 사이를 걷다 보면 마음이 차분해진다. 조용하고 한적한 거리에 위치한 카페에서 마시는 커피 또한 남다르게 다가온다. 이곳에 가장 어울리는 단어는 바로 '휴식'이 아닐까 싶다. 큰돈이 든 것도 아닌데 고급스러운 것을 제대로 누린 것 같은 기분이 든다.
　　과거, 현재, 미래가 공존하는 서촌. 골목을 걷다 보면 오랜 세월이 그대로 느껴진다.

　　친구와 술 그리고 거리는 오래되면 오래될수록 좋다. 특히 오래된 거리는 돈으로는 만들 수 없는 그 무엇인가가 있다. 오직 시간만이 만들어 낼 수 있는 오래된 거리에는 말로는 표현 할 수 없는 여유가 있고 아름다움이 있다.

추천 맛집

스프링

조용히 쉬어갈 수 있는 카페다. 실제 내부도 조용하다. 커피는 물론 식사도 할 수 있다. 서초동에서는 꽤 유명한 카페답게 인테리어도 멋지고 선보이는 음식도 예쁘다.

주소 서울 종로구 자하문로6길 10
전화 02-725-9554
시간 11:00~22:00
홈페이지 http://www.cafe-spring.com

쉼표 역할을 하는 많은 카페

큰돈이 든 것도 아닌데
고급스러운 것을 제대로 누린 것 같은 기분이 든다.

복원된 움집의 모습

Info.

주소 서울시 강동구 올림픽로 875
전화 02-3425-6520
시간 09:30~18:00
요금 월요일, 1월 1일
교통 **승용차** 천호동 네거리에서 암사동 방향으로 약 10분 정도 직진
　　 대중교통 지하철 8호선 암사역 4번 출구에서 도보 15분
홈페이지 http://sunsa.gangdong.go.kr

| LANDSCAPE | WALK | **TRADITION** | REST | MOUNTAIN | MARKET |

008

6,000년 전으로 떠나는 시간여행

암사동 유적지

암사동 유적을 제대로 즐기고 싶다면 비가 오는 날은 피하는 것이 좋다. 암사동 유적지는 옥내 전시관보다 옥외가 더 볼만한 데 땅이 흙으로 덮여 있어 비가 오는 날에는 조금 불편하다. 자연과 조형물로 꾸며져 있는 옥외는 날씨가 좋은 날에는 산책을 즐기기에도 좋다.

● 일제시대 당시 조선에 발생한 4차례의 홍수를 말하는 을축년 대홍수는 대한민국 역사상 가장 큰 홍수로 불린다. 잠실이 섬이 되었으니 안 봐도 비디오다. 1925년에 일어난 을축년 대홍수는 지하에서 조용히 잠자고 있던 것을 깨웠다. 물이 휩쓴 자리에 나타난 것은 6,000여 년 전의 흔적이었다. 암사동에 모습을 드러낸 신석기시대 집터 유적은 신석기시대 취락지 중 최대 규모였다. 암사동 유적에서 나온 빗살무늬토기는 신라시대 생활 예술 중 가장 완성도가 높은 것으로 평가된다.

혼자 떠나는 시간 여행 245

먼 옛날에도
사람이 살았다

● 호랑이는 죽어서 가죽을 남기고, 범인은 현장에 DNA를 남기고, 명배우는 명대사를 남기고, 사람은 죽어서 생활상을 남긴다. 사람은 죽어서 이름을 남긴다고 생각했는데 암사동 유적을 본 후 생각이 바뀌었다.

6,000여 년 전에 살았던 사람이 남긴 것은 생활상이 전부였다. 그릇으로 사용한 토기와 잠을 자고 쉬었던 집터만이 이곳에 사람이 살았음을 증명해 주고 있었다.

그의 직업이 무엇이었는지, 성격은 어떠했는지, 이름은 무엇이었는지는 알 수 없으나 그가 무엇을 먹고 어떤 생활을 했는지는 여실히 볼 수 있었다.

신석기 시대 생활 모습

옥외에 전시된 조형물

암사동 유적은 남·북한을 통틀어 집터가 밀집되어 취락을 이룬 유일한 곳이다. 거의 대부분이 땅을 깊게 파고 움집을 견고하게 지어서 살았다. 유적은 지금으로부터 6,500~5,000년 전에 만들어진 것으로 추정된다.

사람 사는 곳은 다 비슷하다는 말이 있는데 6,000년 전의 모습도 지금과 별반 다르지 않다는 것을 알 수 있다. 암사동 집터 유적에서는 음식물을 조리하거나 난방을 위한 화덕 시설도 마련되어 있다. 집터 모습과 발견된 토기 등을 보면 당시 사람들이 어떤 모습으로 생활했는지 그려진다. 또 1925년 을축년 대홍수 당시 발견된 그물추는 신석기시대에 암사동에 살았던 사람들이 그물로 물고기를 잡았다는 것을 보여준다.

이곳은 한강이 곡류하는 지점에 위치해 있고 강 건너에는 아차산이 있다. 지척에 강과 산이 다 있다. 한마디로 사람이 살기 좋은 곳이다. 신석기 유적 중 최대 마을 유적이 왜 이곳에 있게 되었는지 이해가 된다.

　1925년 을축년 대홍수 때 이 일대의 지층이 물에 휩쓸리면서 땅에 묻혀 있던 즐문토기편들이 노출되었으나 당시에는 그냥 지나쳤다. 홍수에 의해 유적지 모두가 파괴된 것으로 생각했다. 하지만 이후 장충고등학교가 이곳에 야구장을 만들려고 하다가 많은 즐문토기들을 발견하였고 다시 학계의 뜨거운 관심이 쏠렸다.

전시관 내부

　옥내 전시관에는 실제 유적 발굴터와 암사동 및 대한민국의 신석기 유적에 대한 이야기가 있다. 또 암사인의 생활상과 초기 청동기 문화에 대한 이야기도 전시되어 있다.

　옥외 전시관에는 복원 움집이 있어 눈길을 끈다. 복원된 움집 9기는 발굴 조사한 곳에서 2m 가량의 흙을 덮어 복원한 것이다. 발견 당시 집터 내부에는 당시의 생활 모습을 알 수 있는 빗살무늬토기를 비롯하여 그물추, 갈판, 갈돌, 돌화살촉, 돌도끼, 긁개 등의 유물과 탄화된 도토리도 있었다.

옥외에 전시된 조형물

　신석기시대 움집 크기의 약 1.5배로 확대 제작한 움집도 있어 찾아온 이들에게 기쁨을 준다. 실제 발굴 조사된 움집 내부에 조성된 조형물을 통해 선사시대 생활상을 직접 체험해 볼 수 있는 것이 특징이다.

옥외에 전시된 조형물

암사동에서 생활한 신석기 사람들 모형

보고, 느끼고, 체험하는
선사시대

추천 맛집

동신 떡갈비
45년 전통의 이북 음식 전문점이다. 지하철역에서 내려 서울 암사동 유적으로 걸어오다 보면 바로 보인다. 24시간 영업을 한다. 메뉴로는 국수, 육계장, 갈비탕, 만두국, 떡갈비 정식, 만두 정골 등이 있다.

위치 지하철 8호선 암사역 4번 출구에서 도보 3분
전화 02-484-9794

서울 암사동 유적은 1979년 7월 26일 사적 제267호로 지정되어 보존·개방되고 있다. 여러 차례 발굴 조사를 거쳐 총 30여기의 신석기시대 집터와 3개의 문화층이 확인되었다. 현재 유적 내에는 9기의 복원 움집과 1기의 체험 움집, 전시관, 체험 마을이 조성되어 있다.

특히 1975년에 이루어진 국립중앙박물관의 4차 조사에서 확인된 집 자리를 현재 제1전시관에 복원하여 당시 집 자리의 형태와 화덕, 기둥 자리 등을 한눈에 살펴 볼 수 있도록 해 놓은 것이 눈에 띈다.

빗살무늬토기를 만들어 음식물을 저장하고 돌을 다듬어 연장을 만들었던 신석기시대의 모습을 보면 사람의 지혜에 고개가 숙여진다. 나 홀로 여행도 그렇다. 혼자서 여행을 다니다 보면 늘어나는 것이 있으니 바로 지혜다. 여행에서 얻은 지혜는 사람을 자유롭게 만드는 동시에 행복하게 만든다.

가을에는 단풍도 즐길 수 있다.

Info.
위치 서울시 중구 동호로 249 부근
요금 무료
교통 **대중교통** 지하철 3호선 동대입구역 5번 출구에서 도보 5분

| LANDSCAPE | WALK | TRADITION | REST | MOUNTAIN | MARKET |

009

조선왕조가 만든 길을 걷다

장충동 성곽길

서울 성곽 길은 서울에서 제일 아름다운 길이다. 나는 그렇게 생각한다. 외국인들에게도 적극 추천하고 싶은 길이다. 조선왕조 역사가 느껴지는 길로 고풍스럽기까지 하다. 성곽을 따라서 걸으면 되기에 길을 잃을 염려도 없다. 단, 중간에 성곽이 사라진 곳이 있으니 이때는 지도를 참고하는 것이 도움이 된다.

● 여행을 많이 다니면서 느낀 점이 있다. 그건 바로 대한민국에서 외국인이 좋아하는 곳은 따로 있다는 것이다. 외국인 관광객들의 발길이 끊이지 않는 장소들의 공통점은 한국적이고 오래된 것이라는 것이다. 우리 눈에는 익숙한 것이 그들에게는 새로운 모양이었다. 나도 외국으로 나가면 외국인이 되는데 나도 별반 다르지 않았다. 중국이나 일본을 여행할 때 최첨단 빌딩이나 상점 밀집 지역보다는 고택이나 오래된 길에 열광했다. 외국인 관광객을 많이 유치하려면 오래된 우리 것을 잘 지키고 보존하는 것이 최선이다.

서울 성곽 길을 걸으면 서울을 제대로 감상할 수 있다. 조금씩 헐린 부분이 있지만 그래도 충분히 만족을 준다.

600년 역사를 느낄 수 있는 길

● 　　　　　　　서울에는 4개의 대문과 4개의 소문이 있다. 4대문으로는 흥인지문, 돈의문, 숭례문, 숙정문이 있고 4소문으로는 혜화문, 광희문, 창의문, 소의문이 있다. 걷다 보면 남산, 북악산, 낙산, 인왕산을 만난다. 종로, 중구, 용산, 성북, 서대문 일원에 위치해 있어 서울 성곽길을 걸으면 서울을 제대로 감상할 수 있다. 조금씩 헐린 부분이 있지만 그래도 충분히 만족스럽다.

　태조 이성계는 1932년 개성 수창궁에서 조선 왕조를 개국하였다. 그런데 태조 이성계는 즉위한 지 한 달도 안 되어 한양 천도를 명했다. 경복궁, 종묘, 사직단을 건립한 후 한 일은 서울성곽의 수축이었다. 정도전이 수립한 도성 축조 계획에 따라 북악산, 낙산, 남산, 인왕산을 이어 서울 성곽이 만들어졌다. 세종은 서울 성곽이 세워진 지 27년이 지나자 보수 확장 사업을 벌였다. 전국에서 약 32만 명의 인부와 2,200명의 기술자가 동원되었다. 당시 서울 인구가 약 10만 명이었으니 서울성곽에 세종이 얼마나 공을 들였는지 보인다. 공사로 인해 발생한 사망자 수만 800명이 넘었다. 태조 때 시작된 서울 성곽은 세종과 숙종을 거치면서 흔적을 남겼다.

　태조 때 시작된 서울 성곽은 이후 260년간 부분적인 보수만 있었을 뿐 큰 붕괴가 없었다. 임진왜란 때도 큰 피해를 입지 않았다. 그런데 근대 사회로 오면서 의도적으로 헐렸다. 1899년 서대문과 청량리 사이 전차를

돌의 모양으로 시대를 가늠할 수 있다.

부설하면서 동대문과 서대문 부근의 성곽 일부가 헐렸다. 또 용산과 종로 사이 전차 부설을 위해 남대문 부근이 헐렸다. 일제 강점기 때는 서대문과 혜화문이 헐리면서 서울 평지에 성곽은 모두 헐리게 되었다.

서울 성곽을 보면 성곽을 이루고 있는 돌 모양이 다른데 태조 때 성벽 축조 방식은 자연석을 거칠게 가공한 후 쌓아, 돌과 돌 사이에는 작은 돌을 메워 막돌 쌓기에 가깝게 축소하였고, 세종 때는 장방형의 가공된 돌을 사용하여 하부는 규격이 큰 장대석 석재를, 상부로 갈수록 작은 장방형의 석재로 축조하였다. 또 숙종 이후에 수리된 성벽은 면석을 완전히 규격화하여 정방형의 돌을 잘 가공하여 빈틈이 없게 하였다.

서울 성곽은 그야말로 하루아침에 완성된 것이 아니다. 그래서인지 서울성곽은 존재 자체만으로도 감동을 안긴다. 서울 성곽이 있는 곳은 모두 다 아름답다. 하지만 이 중 장충동에 있는 성곽길도 갑중에 갑이다. 장춘단 공원을 지나면 보이는 서울 성곽은 남산까지 이어진다.

장춘단 성곽길의 가장 큰 장점은 성벽에 새겨진 글자를 가까이 볼 수 있다는 점이다. 서울 성곽의 성벽 돌 중에는 글자가 새겨져 있는 돌들이 있는데 공사 일자와 공사 책임자의 직책과 이름이 새겨져 있다. 또 천자문 글자에서 따온 공사 구역 표시와 공사 담당 군현이 새겨져 있다. 서울 성곽은 태종 이성계 때부터 전체 29,500자를 600자 단위로 나누어 총 97구간으로 구획하고 천자문 순으로 표시하였다. 아예 감독관의 직책과 이름 및 날짜가 기록된 것도 있다. 당시에도 공사 실명제가 이루어졌다는 것이 놀랍게 느껴진다.

성곽길을 걸으며 느끼는 자연

가을의 성곽길 모습

추천 맛집

동국대 구내식당

동국대 안에 위치한 상록원에는 분식과 햄버거 빵을 판매한다. 1층 매장은 휴무일 없이 운영된다. 우동, 라면, 김밥 등을 저렴한 가격에 만날 수 있고 또 사람이 많아 혼자 먹기에도 부담이 없다.

사계절 모두
아름다운 곳

● 　　　　서울 성곽은 사계절 모두 아름답다. 걷다가 유명 명소로 바로 빠질 수 있는 것도 서울 성곽만의 장점이다. 장춘단 성곽길 주변에도 명소가 많다. 안개 낀 공원으로 유명한 장춘단공원도 있고 신라호텔 조각공원도 바로 옆에 있다. 조금만 걸으면 남산과 만날 수 있는 것도 장춘단 성곽 길의 큰 장점이다. 남산은 외국인이 꼽은 서울 명소 1위로도 유명한데 장춘단 성곽 길을 따라 오르면 감동이 배가 된다. 또 지하철역에서 도보로 5분여 정도면 만날 수 있는 것도 장점이라 할 수 있다.

　장춘단에 위치한 서울 성곽 길을 걸으면서 든 생각이 있다. 이렇게 예쁘고 훌륭한 곳에 왜 사람이 없을까였다. 이는 곧 혼자 걷기에 적격이라는 말이 된다. 조용하고 한적해서 혼자 걷기에 좋다. 음악을 듣거나 생각에 잠겨 하염없이 걷고 싶은 날 찾으면 그야말로 최고다. 길이 잘 정비되어 있어 불편함도 없다.

| LANDSCAPE | WALK | **TRADITION** | REST | MOUNTAIN | MARKET |

010

좀 더 강한 내가 되는 방법

전쟁기념관

전쟁기념관에 가기 전, 꼭 챙겨가야 할 준비물이 있다. 바로 경건한 마음가짐이다. 전쟁기념관은 웃고 떠드는 곳이 아니다. 전혀 알지도 못하는 나라, 한 번도 만난 적이 없는 국민을 지키라는 부름에 응했던 분들의 이야기가 담긴 곳이니 만큼 최대한 경건하고 고마운 마음으로 돌아보도록 하자.

● 태어나서 지금까지 나의 삶은 전쟁의 연속이었다. 휴전 상태는 없었던 것 같다. 학생 때는 공부와의 전쟁이 세상에서 제일 힘들다고 생각했는데 사회에 나와 보니 공부 따위는 문제도 아니었다. 삶과의 전쟁은 아무리 시간이 지나도 익숙해지지 않는다. 마주할 때마다 부담스럽고 힘들다. 전쟁기념관은 하루하루를 전쟁을 치르듯 살아가는 나에게 많은 가르침을 주었다. 또 내가 마주하는 전쟁을 좀 더 여유롭게 돌아볼 수 있는 시간도 허락했다.

Info.

주소 서울시 용산구 이태원로 29
전화 02-709-3139
시간 09:00~18:00
휴관 월요일
요금 무료(일부 특별기획전 별도)
교통 승용차 서울역→삼각지역 사거리 지나 북문 진입
대중교통 4,6호선 삼각지역 12번 출구에서 도보 2분
홈페이지 https://www.warmemo.or.kr

01 거북선 **02** T-6훈련기 **03** M-72 모터사이클 **04** 초산전투에서 노획한 장비

자유와 평화는
거저 주어지는 것이 아니다!

● 젊은 세대들 대부분이 그렇듯 나도 그렇다. 전쟁은 마치 1,000여 년 전 이야기 같다. 임진왜란이야 그렇다 쳐도 6.25도 피부로 와 닿지 않는다. 전쟁기념관이 없었다면 아마 평생을 모르고 살아갔을 것이다.

6.25가 일어난 시기는 1950년이다. 그리 오래되지 않았다. 1950년 당시 사진을 보면 마치 200년 전 사진 같다. 그동안 대한민국이 얼마나 빨리 발전을 했는지 볼 수 있다. 전쟁을 치른 지 30여 년 후에는 올림픽까지 개최했다. 정말 대단한 나라다.

너무 빠른 발전을 해 온 덕분에 대한민국 어디를 가도 전쟁의 흔적은 찾기 어렵다. 박물관이나 기념관에 가야 볼 수 있다.

전쟁기념관을 둘러본 후 깨달은 사실이 하나 있다. 전쟁의 흔적은 지워도 그 정신은 지우면 안 된다는 것. 전쟁기념관이 온몸으로 말하는 메시지는 바로 자유와 평화는 거저 주어지는 것이 아니라는 것이다. 자유와 평화를 얻기 위해 어떠한 노력이 있었나를 알게 되면 인생을 그냥 살게 되지 않는다.

6.25가 터지자 온 국민이 나라 지키기에 앞장섰다. 특히 일본에 거주하고 있던 재일교포 학생들은 병역의무가 없었으나, 오직 조국을 구하겠다는 일념으로 바다를 건너 전선에 뛰어들었다. 유엔군사령부는 학생들의 나이가 어리기 때문에 참전을 거절하였으나, 계속되는 이들의 간절한 요

백마고지 육탄 3용사

구를 결국 받아들이지 않을 수 없었다. 전쟁기념관에는 6.25 당시 젊음을 아낌없이 조국에 바친 재일교포 학생들의 유물이 전시되어 있다.

또 전쟁기념관에는 전쟁 당시 오간 대화도 들을 수 있다.

"이들이 피난민을 버리고 간다면 국군이 피난민을 엄호하면서 육로로 후퇴하겠다."

"이 사람들이 남게 된다면 고통을 당할 것이 분명합니다. 이들을 모른 척한다면 너무 잔인한 일입니다."

"장군님! 우리를 도와주었던 사람들이 탈출하도록 도와주십시오."

"우리는 이 사람들을 놔두고 갈 수가 없다. 이 사람들을 모두 구출하도록 하라."

대화록을 듣고 있자니 마음이 짠해진다. 잔인한 세월이었지만 따뜻한 마음만은 살아 있었던 그들에게 고마운 마음이 든다.

전쟁기념관을 돌아보고 나면 전쟁이 정말 피부에 와 닿는다. 전쟁에 대한 기록을 실물, 디오라마, 복제품, 기록화, 영상 등으로 전시되어 있기 때문이다. 6.25전쟁이 왜 일어났으며 전쟁 당시에는 어떤 상황이었으며 휴전은 어떻게 전개되었는지가 쉽게 이해된다. 전시되어 있는 6.25전쟁 당시 쓰인 장비와 대형 무기는 전쟁을 좀 더 실감나게 한다. 전쟁기념관에는 체험관도 많다. F-15K 전투기에 실제 탑승한 것과 같은 생생한 3D 체험을 할 수 있는 공간과 6.25전쟁을 반전시킨 인천상륙작전을 4D로 체험할 수 있는 공간은 색다른 경험을 선사한다.

국군 정훈대대에서 사용한 타자기

01 피난민 모습 02 비목 03 당시 판매된 과자와 음료수 04 총통 완구

입구에서부터 긴장할 것

● 전쟁기념관 입구에는 형제가 꼭 끌어안고 있는 조형물이 있다. '형제의 상'이라는 이 조각상은 원빈과 장동건이 나온 영화 '태극기 휘날리며'에 영감을 제공한 것으로도 유명하다. 전쟁기념관은 입구에서부터 천천히 걸으며 보는 것이 좋다. 전쟁기념관의 전시 자료는 총 9,000여 점에 이르는데 옥외에도 상당한 전시물이 있다. 전시물을 볼 때는 설명서도 꼼꼼히 읽도록 하자. 보통 박물관에 가면 난독증이 있는 사람처럼 설명문을 대충 읽는 사람이 많은데 아는 만큼 보이고 아는 만큼 느껴진다는 것을 꼭 기억하자.

나쁜 평화라도 뜻있는 전쟁보다는 항상 낫다. 러시아 속담이다. 전쟁기념관이 들려주고 보여주는 전쟁 상황을 보면 이 속담이 더 절절이 와 닿는다. 어떠한 일이 있어도 전쟁은 일어나서는 안 된다. 그 뜻이 아무리 옳아도 전쟁을 일으켜서는 안 된다. 전쟁에서는 승자가 없다. 모두가 패자일 뿐이다.

추천 맛집

cafe M

전쟁기념관 내에 있는 커피숍이다. 만남의 장소나 쉼터에 가까워 마음 편히 쉴 수 있다. 에스프레소, 아메리카노 등의 커피를 비롯해 과일 주스와 와플, 샌드위치, 케이크도 판매한다.

위치 전쟁기념관 옥내 전시관 입구로 들어와 오른쪽으로 가면 바로 보인다.

형제의 상

혼자서 보고 오는 오래된 마을

나 홀로 여행의 장점

지금은 고인이 된 전 국민은행장 이상철 씨는 퇴직한 후 친구들에게 "엘리베이터가 움직이지 않는다."라고 우스갯소리를 했다. 그동안 늘 누군가 엘리베이터 단추를 눌러 주었기 때문에 스스로 눌러본 기억도, 습관도 지니고 있지 않던 그는 엘리베이터를 타려고 섰는데 아무리 기다려도 엘리베이터가 움직이지 않는 것을 발견하고 달라진 자신의 처지를 실감했다고 한다.

〈월간중앙〉에 나온 이 이야기에 나는 크게 공감했다. 나 홀로 여행을 하면서 나는 놀라는 일이 많았다. 이 나이가 되도록 내가 혼자서 안 해 본 일이 너무 많았기 때문이다. 차 시간표를 확인하고, 일정을 짜는 일조차 처음엔 낯설었다. 뭐 그런 일로 그러느냐고 말하겠지만 적어도 나에게는 이런 사소한 일조차도 크게 다가왔다.

내게는 늘 이런 사소한 일들을 맡아 주는 사람들이 있었다. 나는 계획을 짜거나 셈을 하는 일을 지독히도 귀찮아하는 편이었다. 그래서 항상 누군가가 말하는 대로, 해주는 대로 따랐다. 가족이, 친구가, 동료가 늘 이런 사소한 일들을 맡아 주었다.

혼자 여행을 다니면서 나는 부지런해졌고 똑똑해졌다. 내가 아니면 나의 일을 대신 처리해 줄 그 누군가가 없었기 때문이다. 특히 오래된 마을을 다닐 때는 대도시와 달라 한 번 버스를 놓치면 한 시간씩 기다려야 하기 때문에 더 촉각을 곤두세우고 다녔다.

이뿐 아니다. 나는 길치에 가까운 사람이었다. 늘 길을 못 찾는 편이었고 아는 길도 갈 때마다 헤맸다. 나는 원래 그런 사람인 줄 알았다. 그런데 아니었다. 나는 그런 것에 관심이 없었을 뿐이었다.

하지만 나 홀로 여행을 하면서 스스로 지도를 보고 내가 가야 할 코스와 길도 유심히 공부하게 되면서 나는 길 박사가 되었다. 심지어 내게 길을 물어보는 이들에게 몇 km 정도만 가면 된다고 자세하게 설명을 해 줄 정도가 되었다.

누구나 몸담았던 곳을 떠나게 되고, 누구나 외로움을 느끼는 순간이 오며, 누구나 익숙했던 것과 이별하게 된다. 이때 충격을 덜 받고 싶다면 미리 연습해 두는 것이 좋다. 나 홀로 여행은 사람을 강하게 만들고, 부지런하게 만들고, 똑똑하게 만든다. 그야말로 나 홀로 여행은 마음 공부이자 인생 공부이다.

여행을 할 때 만나게 되는 예쁜 벤치는 일부러라도 사람을 쉬게 한다..

혼자 구하는 깨달음, **나에게 주는 휴식**

Part 4

해인사 | 송광사 | 통도사 | 봉평장터 | 전주한옥마을 | 부산 남포동

| LANDSCAPE | WALK | TRADITION | **REST** | MOUNTAIN | MARKET |

001

간직한 사찰
기록물을
인류 최대의

해인사

해인사 정문 옆에 식당과 숙박 시설이 모여 있다. 해인사 내에는 식사를 할 수 있는 곳이 없으니 시외버스를 이용해 해인사를 갈 땐 해인사 앞에서 내려 식사부터 하고 해인사로 들어간다. 산행을 하고 싶다면 해인사 앞에서 내리지 말고 종점에서 내리는 것이 좋다. 해인사 앞과 종점까지는 도보로 5~10분 정도가 소요되니 걸어서 해인사까지 이동한다.

홍제암

● 사는 것이 힘들게 느껴진다면, 마음이 우울하다면, 현대 의학으로는 고칠 수 없는 마음의 병에 시달리고 있다면, 자연으로 돌아가 처음부터 다시 시작해야 한다. 그래서 나는 해인사로 떠났다. 그곳으로 향하는 길은 자연으로 돌아가는 길인 동시에 속세와 멀어지는 길이었다. 대구 시내에서 해인사까지는 한참을 더 가야 했다. 나와 함께 버스를 탔던 여고생 다섯 명은 내 뒤에 앉아 한참을 큰 소리로 떠들고 웃더니 채 15분도 안 돼 모두가 약속이나 한 듯 잠이 들었다. 해인사에 가기 위해 새벽부터 일어나 부지런을 떨었던 나처럼 그녀들도 꽤 일찍 일어난 모양이었다.

Info.

위치 경남 합천군 가야면 해인사길 122
전화 055-934-3000
시간 연중무휴
요금 성인 3,000원 / 청소년 1,500원 / 어린이 700원
교통 승용차 88고속도로 → 해인사 나들목 → 해인사 방향
→ 1033번 지방도(14km) → 해인사
대중교통 동대구역 또는 대구역 하차 → 지하철 1호선
(대곡 방향) 승차 후 성당못역 하차 → 서부 시외버스
터미널에서 해인사행 시외버스 이용 → 해인사 앞 하차
홈페이지 www.haeinsa.or.kr

독성각 근처에서 바라 본 해인사

01 영자 02, 03 홍제암. 해인사의 산내 암자 04 국사단 내부 05 비로탑. 통일신라 시대 석탑의 전형

첫 관문부터 감탄을 자아내는 곳

● 해인사의 첫 관문인 일주문을 지나기 전, 천년 세월을 간직한 전나무 숲길을 만나게 되는데, 그 끝이 안 보일 정도로 전나무가 길게 뻗어 있다. 나무의 높이와 앞으로도 천 년은 더 살 것 같은 기세등등한 모습의 나무를 보면서 감동과 경이로움을 느꼈다. 혼자 온 듯한 한 외국인 여성은 전나무 숲길을 걸으며 구석구석 사진을 찍었다. 천 년의 세월은 외국인들에도 감동을 안겨 주는 듯했다.

전나무 숲길을 걷다 보면 고사목을 발견하게 되는데 이 나무는 1200년 동안 살다 1945년 고사했다. 지금은 비록 반 토막이 났지만, 그 크기만으로도 해인사의 역사와 세월의 흔적을 느낄 수 있었다. 1200년이란 세월을 견뎌낸 나무에 대한 경외심 때문인지 고사목 주변에는 간절한 소원을 담은 돌탑들이 쌓여 있었다.

고사목의 역사는 해인사 창건으로 거슬러 올라간다. 신라 제40대 애장왕 3년(서기 802년), 순응과 이정 두 스님의 기도로 애장왕후의 난치병이 완치됐다. 이에 애장왕은 해인사를 창건하여 두 스님의 은덕에 보답하였고, 이 고사목은 이를 기념하여 심은 나무이다.

영지라고 불리는 작은 연못도 애틋한 이야기를 간직하고 있다. 가야 김수로왕의 왕비인 허황후가 가야산으로 출가한 일곱 왕자가 너무 보고 싶어 가야산을 찾았으나, 산에 오를 수 없었다. 허황후가 부처님께 아들의 그림자만이라도 보게 해 달라고 지극 정성으로 기도하자 정진 중인 일곱 왕자들의 모습이 연못에 비쳤다고 한다. 이후 가야산 정상 우측에 있는 이 봉우리들을 '칠불봉', 이 연못은 그림자 못이라 하여 '영지'라고 부르게 되었다.

해인사가 아름다운 또 하나의 이유

● 내가 해인사를 찾은 가장 큰 목적은 인류 최대의 기록물인 해인사대장경판(海印寺大藏經板)을 보기 위해서였다. 나는 서둘러 장경판전으로 향했다. 장경판전은 1995년 12월 유네스코 세계문화유산으로 등록된 곳으로, 이곳에 2007년 세계기록유산으로 등재된 해인사대장경판이 있다. 대장경은 경(經)·율(律)·논(論)의 삼장(三藏)을 말하며 불교경전의 총서를 가리킨다. 이 대장경은 고려 고종 24~35년(1237~1248년)에 걸쳐 간행되었다. 이것은 고려 시대에 간행되었다고 해서 고려대장경이라고도 하고, 판수가 8만여 개에 달하고 8만 4천 번뇌에 해당하는 8만 4천 법문을 실었다고 하여 팔만대장경이라고도 부른다.

해인사대장경 현판

해인사대장경판은 고려가 몽골과 거란의 침략에 맞서 종교적인 염원으로 그 침략을 극복하고자 만든 불교 목판경이다. 16년 동안 팔만 장이 넘는 목판에 한 자 한 자 피와 땀으로 5천만 자를 새겼다. 수천만 개의 글자가 오탈자 없이 모두 고르고 정밀하다는 점에서 그 보존 가치가 매우 크다. 현존하는 대장경 중에서도 가장 역사가 오래됐고 내용의 완

해인사대장경판을 볼 수 있는
법보로 들어가는 문

01, 02 대비로전. 비로자나불을 모신 법당. 03 홍제암 04 고사목. 1,200여 년 세월을 해인사와 함께한 나무

추천 맛집

홍도식당

배가 고픈 상태로 버스를 탔다면 해인사 앞에서 내리지 말고 다음 정류장인 종점에서 내리자. 해인사 버스정류장에서 도보로 10분 정도 걸리는 곳에 식당과 숙박업소가 모여 있다. 그중 홍도식당에서는 비빔밥을 판매하고 있는데 반찬은 물론 곁들여져 나오는 된장찌개도 맛있다. 주인 아주머니가 친절하여 여러모로 만족을 준다. 해인사에서 꽤 유명한 식당인데다 맛 또한 기억에 남을 만큼 뛰어나니 꼭 들러보자.

위치 종점에서 내린 후 해인사관광호텔 쪽으로 걸어가다 보면 오른쪽 길에 있다.

전화 055-932-7368

벽함으로도 세계적인 명성을 지니고 있다.

해인사대장경판을 보관하는 장경판전은 대장경판을 보관하는 데 필요한 기본 구조만 갖추고 있지만, 목판을 보존하는 데는 최적의 자연 조건을 갖추고 있다. 크기가 다른 살창이 칸마다 아래위로 나 있어 건물 뒤쪽에서 내려오는 습기를 억제하고 판전으로 불어온 바람이 건물 안에서 골고루 퍼진 후 밖으로 빠진다. 그래서 해인사대장경판은 800년의 세월 동안 온갖 풍상과 일곱 차례나 되는 화재 속에서도 온전히 보존되었다.

해인사대장경판을 보고 나니 숙제를 다 한 것 같은 기분이 들었다. 다시 마음에 여유를 가지고 경내를 돌아보았다. 해인사의 큰 법당인 대적광전이 제일 먼저 눈에 띄었다. 지금의 건물은 1818년에 다시 지은 것인데, 비로자나불 삼존불상과 우측에 철조 관음보살, 좌측에 목조 지장보살, 철조 법기보살을 모시고 있었다. 또 대적광전의 편액(扁額: 건물이나 문루 중앙 윗부분에 거는 액자)은 안평대군, 주령은 오른쪽에서부터 고종과 흥선대원군이 직접 쓴 글씨로 해인사대장경판 못지않게 주목을 받고 있다.

나는 마지막으로 비로자나불을 모신 대비로전으로 갔다. 비로자나불은 왼손 집게손가락을 오른손으로 감싸는 모습을 하고 있는데, 이는 중생과 부처, 번뇌와 깨달음이 본래 하나라는 것을 상징한다. 긴 인내의 시간을 견뎌온 해인사, 그곳에서 나는 스스로를 성찰하고 다독일 수 있었다.

세상 어느 곳에나 아름다운 이야기를 간직한 마을이 있다. 우리나라에서는 해인사가 그 대표적인 곳이 아닐까 하는 생각을 한다. 아름다운 이야기와, 정신, 깨끗한 마음을 간직한 사찰에서 나를 다시 한번 되돌아본다.

| LANDSCAPE | WALK | TRADITION | **REST** | MOUNTAIN | MARKET |

002

사찰 마지막을 함께한 법정 스님의

송광사

불교에서는 부처님(佛), 가르침(法), 승가(僧)를 참으로 귀하고 값진 보배로 여겨 삼보(三寶)라고 한다. 불교인의 신앙은 바로 이 세 가지 보배를 값지고 귀한 것으로 알고 그에 귀의해 가는 것이다. 송광사는 16국사를 비롯하여 우리나라에서 가장 많은 고승대덕을 배출해, 삼보사찰 가운데서도 한국 불교의 승맥을 잇는 승보사찰(僧寶寺刹)로서 국내외에 널리 알려졌다.

● "사람은 본질적으로 홀로일 수밖에 없는 존재다. 홀로 사는 사람들은 진흙에 더럽혀지지 않는 연꽃처럼 살려고 한다. 홀로 있다는 것은 물들지 않고 순진무구하고 자유롭고 전체적이고 부서지지 않음이다." 법정(法頂) 스님이 쓰신 책 〈홀로 사는 즐거움〉에 나오는 말이다. 법정 스님은 홀로 살며 무소유의 삶을 실천하셨다. 그리고 소리에 놀라지 않는 사자처럼, 그물에 걸리지 않는 바람처럼, 진흙에 더럽혀지지 않는 연꽃처럼 살려고 노력하셨다.

감로탑에서 본 송광사

Info.

위치 전남 순천시 송광면 송광사안길 100
전화 061-755-0108
시간 06:00~19:00(하계) / 07:00~18:00(동계)
요금 성인 3,000원 / 청소년 2,000원
교통 승용차 서울(호남고속도로) → 주암나들목 → 송광사 삼거리 → 송광사
대중교통 ❶ 서울 고속버스 터미널 또는 동서울 터미널에서 순천행 고속버스 이용 → 순천 고속버스 터미널에서 111번 송광사행 버스 이용 → 송광사 입구 하차
❷ 용산역에서 여수행 열차 이용 → 순천역에서 111번 송광사행 버스 이용 → 송광사 입구 하차
홈페이지 www.songgwangsa.org

송광사의 첫 관문인 일주문. 세속의 번뇌와 흐트러진 마음을 모아 진리의 세계로 들어선다는 뜻이 있다.

문화재가 가득한 한국의 3대 사찰

01 송광사 숲길은 낙엽으로 덮혀 있어 아름답다. **02** 송광사로 들어가는 길에 보이는 풍경

송광사는 법정 스님의 다비식(불교에서 시체를 화장하여 그 유골을 거두는 의식)이 진행된 곳으로 속세의 걱정과 공포가 들리지 않는, 세상에서 멀리 떨어진 깊은 산중에 있다. 순천 시외버스 터미널에서 송광사행 버스를 타고 비포장 길을 걸어야 송광사로 갈 수 있다.

주차장에 내려서 걸으면 숲길이 보이는데 꾸미지 않은 이 길을 걷다 보면 일상의 복잡한 생각과 피곤을 잊게 된다. 숲길이 끝나면 송광사의 첫 관문인 일주문이 있는데, 세속의 번뇌를 끊고 흐트러진 마음을 모아 진리의 세계로 들어선다는 뜻이 있는 문이다. 신라 말에 처음 세운 것을 1310년, 1464년, 1676년, 1802년 고쳐 지었다. 현재의 문은 1802년에 새로 지은 것으로 추정되며, 계단 좌우에 세운 돌짐승은 사자 같기도 하고 원숭이 같기도 한데 그 형태가 모호하다.

송광사는 한국의 3대 사찰답게 사찰 안은 보물과 국보 등 문화재로 가득 차 있어서 돌아보는 내내 감탄한다. 경내에서 단연 눈에 띄는 대웅보전에는 과거, 현재, 미래 제도(濟度)를 염원하는 삼세불이 모셔져 있다. 과거불인 연등불, 현재불인 석가모니불, 미래불인 미륵불이 있고 좌우에는 관세음보살, 문수보살, 보현보살, 지장보살 등 4대 보살이 있다.

송광사는 독특한 건축 형태와 단청으로 현대 한국 전통 건축의 수작으로 꼽힌다. 현재 송광사에 있는 대웅보전은 1951년 소실 후 1988년 다시 지었다.

그리고 송광사 16국사 가운데 제1세인 보조국사 지눌의 부도탑으로 지정된 보조국사 감로탑과 1724년 태풍으로 쓰러진 싸리나무를 가공해 만든 비사리구시는 송광사 산책을 더욱 의미 있게 한다. 비사리구시는 절의 규모를 가늠하게 하는 통으로 절에서 국재를 모실 때 손님을 위한 밥을 저장했던 곳이다. 송광사 세 가지 명물 중 하나로 꼽히는 이 통은 4,000여 명 분량의 밥을 담을 수 있을 만큼 거대하다. 그런데 현재 이 통에는 밥이 아닌 사람들이 소원을 빌면서 던져 놓은 동전이 가득하다.

등산객들이 소망을 담아 던진 동전으로 가득하다.

보고 체험하는
모든 것이 문화재인 곳

● 송광사의 원래 이름은 송광산 길상사였다. 신라 말 혜린 선사에 의해 창건되어 고려 중기의 고승 보조국사 지눌에 의해 절의 규모가 확장되었고, 참선을 중요시하는 선종(禪宗) 사찰로 변화되었다. 보조국사 지눌은 8세의 어린 나이에 출가하여 1190년 팔공산에서 정혜결사(定慧結社 구시대적 불교의 방향을 전환)운동을 하고, 고려 1,200년에 50여 년 동안 버려지고 폐허가 된 송광사로 사람들을 이끌고 들어와 한국 불교의 새로운 전통을 확립했다.

원래는 30~40명의 스님들이 살 수 있었던 작은 절이었지만, 규모가 점점 커지면서 세상으로부터 주목을 받았다. 그 후 정유재란과 대화재, 6·25 등 많은 재난을 겪었지만, 여덟 차례에 달하는 대규모 수리 보수를 통해 지금의 모습을 갖췄다.

01 조계문. 일주문으로도 불리며 송광사의 첫 관문이다. **02** 불일계곡에 있는 다리. 다리 밑에 낙엽이 떨어져 있어 한 폭의 그림 같다. **03** 사자루. 보통의 사찰에서는 볼 수 없는 독특한 모습이 눈길을 사로잡는다. **04** 임경당. 송광사에서 손꼽히는 풍경을 볼 수 있다.

01 스님들이 사용하는 송광사 내 건물 **02** 대웅보전. 현대 한국 전통 건축의 수작으로 꼽힌다. **03** 송광사 내에 피어 있는 꽃 **04** 비사리 구시. 밥을 저장했던 통이다.

송광사 안에는 50개가 넘는 건물이 있는데 대부분의 건물이 보물과 국보 등 문화재이다. 이 중 국보 제56호인 국사전은 1369년 고려 공민왕 때 창건한 것으로 송광사 16국사 진영(보물 1043호)을 모시고 있다.

행복해지는 간단한 방법

● 법정 스님은 저서 〈아름다운 마무리〉에서 "차지하거나 얻을 수 없는 것을 가지려고 할 때 우리는 가난해진다. 그러나 지금 가진 것에 만족한다면 실제로 소유한 것이 적더라도 안으로 넉넉해질 수 있다."라고 말씀하셨다. 사람은 저마다 자기 몫이 있다. 그리고 그 그릇에 차면 넘친다. 자신의 처지와 분수 안에서 만족할 줄 안다면 충만할 것이다. 집은 그 주인을 닮는다고 했다. 법정 스님의 고향과도 같은 송광사는 법정 스님의 가르침을 다시 한 번 생각하게 한다.

아름다운 마무리는 이 세상을 떠날 때만 하는 것이 아님을 느꼈다. 매 순간 내가 만나는 사람들, 내가 하는 일에서도 마무리는 늘 아름답게 해야 할 것이다.

추천 맛집

광신식당

송광사 입구에는 산채비빔밥을 판매하는 식당들이 모여 있다. 대부분 비슷한 메뉴들을 선보이고 있는데 광신식당도 괜찮게 나오는 편이다. 도토리묵과 산더덕구이 등도 선보이고 있으니 참고하자.

위치 버스정류장 송광사 입구에서 도보 2분
주소 전남 순천시 송광면 신평리 133번지
전화 061-755-2555

대웅전. 금강계단과 함께 통도사에 있는 여러 건물 가운데 가장 핵심이 되는 곳이다.

Info.

위치 경남 양산시 하북면 통도사로 108
전화 055-382-7182
시간 연중무휴
요금 성인 3,000원 / 청소년 1,500원 / 어린이 1,000원
교통 승용차 서울(경부고속도로) → 통도사나들목 → 신평 → 통도사
대중교통 ❶ 동서울 터미널이나 서울 남부 터미널에서 언양행 직행버스 이용 → 언양 터미널에서 63, 67, 12번 시내버스 이용 신평(통도사) 하차
❷ 부산 동부 시외버스 터미널 에서 신평행 버스 이용 → 통도사 하차
홈페이지 www.tongdosa.or.kr

| LANDSCAPE | WALK | TRADITION | **REST** | MOUNTAIN | MARKET |

003

선덕여왕 재위 중에 창건된 사찰

통도사

경상남도 양산시에 있는 통도사는 신라 선덕여왕 재위 중인 646년에 자장 율사가 창건했다. 부산 동부 시외버스 터미널에서 버스를 타면 30분 안에 도착할 수 있다. 버스정류장에서 도보로 10분 정도 거리에 있으므로 택시나, 마을버스를 이용하지 않고도 갈 수 있다.

● 　　　　　욕심은 쉽게 없어지지 않는다. 훈련이 필요하다. "걱정 없는 인생을 바라지 말고, 걱정에 물들지 않는 연습을 해라."라고 외친 프랑스 철학자 알랭의 말처럼 욕심이 마음속에 물들지 않게 하려면 연습을 해야 한다. 욕심은 나를 위해서가 아니라 가족과 타인을 위해서라도 없애야 한다. 석가모니도 "분노를 품고 있다는 것은 뜨거운 석탄을 움켜쥐고 다른 사람에게 던지려는 것과 같다."라고 했다. 불같은 욕심은 결국 화를 부른다.

혼자서 비워내는 연습을 하다

● 나는 욕심 때문에 내려놓지 못한 짐과 사는 동안 갖게 된 어지러운 마음을 비워내고 싶었다. 당시 내가 가지고 있는 것과 내가 가지고 싶은 것 사이에서 지쳐 있었고, 마음의 짐을 덜기 위해 대한민국의 3대 사찰 중 하나인 통도사로 향했다.

한국의 사찰은 각기 고유한 성격과 특징이 있고, 그 특징을 바탕으로 불법을 전파하고 있다. 해인사, 송광사와 함께 대한민국 3대 사찰로 손꼽히는 통도사는 부처의 사리와 가사(승려가 장삼 위에, 왼쪽 어깨에서 오른쪽 겨드랑이 밑으로 걸쳐 입는 법의)를 봉안한 불보(佛寶)사찰로, 해인사는 부처의 말씀(法)인 해인사대장경을 간직하고 있는 법보(法寶)사찰로, 송광사는 보조국사 이래 16명의 국사를 배출한 승보(僧寶)사찰로 이름나 있다. 특히 부처님의 진신사리와 가사를 금강계단(金剛戒壇)에 봉안하고 있기 때문에 통도사는 대웅전에 불상이 없는 사찰로도 유명하다.

01 통도사의 바위에는 글씨가 많이 새겨 있다. **02** 부도원 근처에 있는 지하 여장군. 옆에는 지하대장군도 서 있다.

통도사의 역사적 가치

● 통도사의 여행은 도난이나 훼손 등에 노출되어 있는 사찰의 문화재들을 보전하고 전시하기 위해 건립된 성보박물

대웅전. 임진왜란 때에 소실된 것을 1645년 우운 대사가 중건했다. 세상을 밝히는 영웅을 모신 전각답게 항상 많은 사람이 이곳을 찾아 소망을 빈다.

01 세존비각. 금강계단 옆에 위치한 소전각이다. **02** 불이문. 통도사의 세 개 영역 가운데 중간 영역의 출입문이다. **03** 극락전. 아미타여래를 봉안하는 곳이다.

관부터 시작됐다. 국내 최대 규모의 성보박물관에서는 성보문화재 4만여 점을 소장하고 있으며, 높이가 15m에 달하는 부처의 그림도 전시하고 있다.

대웅전 내부

통도사는 크게 상로전, 중로전, 하로전으로 나뉜다. 상로전은 한국 건축물 중 드물게 공간 구조를 갖추고 있다. 금강계단과 대웅전이 중심이 되어 참배객이 대웅전을 270도 회전한 뒤 금강계단 입구에 이르도록 설계했다. 대웅전과 금강계단 이외에도 감로당, 개산조당과 해장보각, 장경각, 전향각, 명부전, 설법전 등이 있다. 중로전은 불이문부터 세존비각까지의 건물을 말한다. 용화전, 관음전의 세 전각이 하나의 중심축으로 일렬로 배열되어 있으며 화엄전, 약사전, 영각, 황화각, 원통방 등이 있다. 그리고 하로전은 천왕문과 불이문 사이의 영역을 말하는데 세 개의 불전과 만세루가 삼층석탑을 에워싸고 있는 형식을 이루고 있으며 범종루, 극락전, 영산전, 금당, 응향각 등이 있다.

아는 만큼 보인다는 말이 있다. 통도사에 있는 건물을 볼 때는 건물 앞에 있는 설명을 꼼꼼히 읽어 보는 것이 좋다. 그냥 볼 때는 낡아 빈티지스러워보이지만, 설명을 읽고 난 후에 보면 고려 시대와 신라 시대의 문화와 오랜 숨결을 느낄 수 있다.

통도사 여행은 문화재 여행인 동시에 시간 여행이라고 할 수 있다. 통도사에 있는 오래된 건물들은 현대인들의 시선을 단번에 사로잡는다. 많은 사람이 찾고 있지만, 번잡한 느낌은 들지 않는다. 이는 오랜 세월의 흔적과 여유로움이 사찰 전체를 감싸고 있기 때문이다.

통도사에서 느낀 여유로운 마음은 꽤 오랫동안 나의 생활을 지배했다.

살아가는 동안 꾸준히 운동을 해야 몸이 건강해지듯, 마음 운동도 꾸준히 해야 함을 알게 되었다.

 사찰에는 혼자 오는 사람들이 많기 때문에 나 홀로 여행에 사찰만한 곳도 없다. 그렇기에 외롭지 않고 심심하지도 않다. 나는 그 어느 때보다 혼자 편안하게 여행을 즐긴 후 통도사를 나왔다.

극락전 앞에 있는 3층 석탑으로 보물 제1471호이다.

추천 맛집

경기식당

통도사 주변에서 유명한 맛집이다. 산채비빔밥, 더덕정식, 산채정식 등을 선보이는 음식점이다. 이름난 맛집답게 맛과 양이 모두 훌륭한 편이다.

위치 통도사 입구 맞은편
주소 전남 순천시 송광면 신평리 133번지
전화 055-382-7772

TRAVEL TIP

사찰에서의 예절

모든 장소에는 그에 맞는 예절이 있다. 물론 사찰 또한 예외가 아니다. 타인에게 불편함을 주지 않고 분위기를 해치지 않는 행동은 무엇인지 알아보자.

하나. 가운데 문 사용 금지

법당의 가운데 문은 조실 스님이나 주지 스님의 출입문이다. 일반인들은 좌우에 있는 문을 이용해야 한다. 그리고 법당 안에서도 가운데 앉으면 안 된다. 부처님을 정면으로 바라보는 것 또한 조실 스님과 주지 스님만 할 수 있다.

둘. 발우공양 시 주의점

절에서 음식을 먹는 것을 발우공양이라고 한다. 여기서 발우란 '양에 알맞는 그릇'을 말한다. 공양을 받을 때는 양에 넘치게 담아서는 안 된다. 남겨서도 안 된다. 음식을 먹을 때는 소리를 내지 말고 조용히 먹어야 한다.

셋. 경내에서의 예절

사찰로의 여행은 세속의 번뇌와 흐트러진 마음을 위로한다.

뛰어다니거나 큰 소리로 말하는 것은 삼가야 한다. 또 노래를 부르거나 다른 신도들의 의식을 구경하듯 보면 안 된다. 가지고 온 음식을 먹는 것 또한 예절에서 크게 벗어난 행동이다. 신발을 끌고 다니거나 쓰레기를 함부로 버리는 것 또한 삼가야 한다. 껌을 씹어서도 안 된다.

넷. 알맞은 옷차림

노출이 심하거나 지나치게 화려한 옷은 피하는 것이 좋다. 그리고 법당 안을 걸어다닐 때 타인이 벗어 놓은 외투를 밟지 않도록 주의해야 한다.

이효석 생가

Info.

위치 강원도 평창군 봉평면 창동리
전화 평창군청 문화관광과 033-330-2399
교통 승용차 서울(경부, 중부고속도로) → 영동고속도로 → 장평나들목(6번 국도 이용) → 봉평 → 이효석문화마을
대중교통 동서울 터미널에서 장평 경유, 강릉 방면 직행버스 이용 → 장평 터미널에서 봉평행 군내 버스 이용 → 봉평 하차

| LANDSCAPE | WALK | TRADITION | **REST** | MOUNTAIN | MARKET |

004

뛰어난 동네 음식 맛과 경치가

봉평장터

장평터미널에서 봉평으로 가는 시내버스 요금은 천 원이고 택시 요금은 8천 원 정도이다. 봉평으로 가는 시내버스는 장평터미널 내에서 이용하면 되는데 자주 운행하는 편이 아니니 버스 시간표를 보고 움직이는 것이 좋다. 장평터미널에서 봉평으로 가는 버스는 제시간에 운행되지만, 봉평에서 장평터미널로 오는 버스는 시간에 오차가 있을 수 있으니 여유를 두고 버스 정류장에 도착하는 것이 좋다.

● "산 허리는 온통 메밀밭이어서 피기 시작한 꽃이 소금을 뿌린 듯이 흐뭇한 달빛에 숨이 막힐 지경이었다." - 이효석 소설〈메밀꽃 필 무렵〉중에서 -

나 홀로 찾은 봉평은 소설〈메밀꽃 필 무렵〉이 발표된 지 70여 년이 지났음에도 소설 속 모습 그대로였다. 소설 속에서 허 생원과 동이가 드나들었던 충주집, 메밀밭, 봉평장터는 옛 정취를 풍기고 있었고 이효석의 문학 세계를 엿볼 수 있는 가산공원, 이효석 생가, 이효석 문학관은 한 권의 책이 얼마나 큰 힘을 가질 수 있는지 보여주고 있었다.

봉평에서만
맛볼 수 있는 음식

● 봉평으로의 여행은 마치 장터 여행 같았다. 봉평장터를 보면 소설 속 장터 풍경이 생각나고, 마을 경치나 먹을거리를 보면 소설 속 장터가 떠올랐다. 또한 마을은 메밀로 뒤덮여 있다 해도 과언이 아닐 정도로 메밀과 관련된 상품과 음식으로 가득 차 있다. 소설 속 허 생원은 봉평장터에서 별 재미를 못 봤지만, 오늘날 봉평장터에는 재미와 먹을거리가 넘쳐나 이곳을 찾은 모든 이들이 다양한 재미를 느낄 수 있다.

봉평의 대표적인 요리인 메밀국수는 메밀가루를 반죽해 만든 사리에 김치, 오이 등의 고명을 올린 뒤 육수를 부어 먹는 음식이다. 메밀전병은 번철에 기름을 두르고 메밀 반죽을 한 국자씩 떠 놓아 얇게 편 후, 볶은 돼지고기, 양념 김치를 넣고 말아 익혀 먹는 음식이다. 나는 마을에 도착하자마자 메밀 음식을 맛보기 위해 현대막국수로 향했다. 식당을 찾은 시간이 오전 10시경이라 손님이라곤 나 혼자밖에 없었지만, 음식은 정성스럽게 차려 나왔다. 메밀전병의 속은 새콤한 김치로 채워져 있었고, 메밀국수 또한 맛이나 양 모두 최고 수준이었다.

사실 이 집에서 여유롭게 식사를 하고 싶다면 점심시간보다 일찍 가거나 아니면 늦게 가야 한다. 식사 시간 때가 되면 이 작은 마을에서는 좀처럼 보기 힘든 진풍경이 펼쳐진다. 오전 12시경 현대막국수집에 길게 늘어선 손님들의 행렬을 보며 나는 생각했다. '일찍 먹기를 잘했어.'

현대막국수에서 판매하는 메밀국수와 속이 꽉 찬 메밀전병

01 이효석 문화관 앞쪽 건물. 커피숍 등이 있다. **02** 이효석 문화관 앞에 있는 이효석 동상

이효석 이름 석 자가 만들어낸 마을

● 이효석은 1907년 2월 23일 봉평에서 태어나 어린 시절을 보냈다. 성인이 되어 숭실전문학교 교수로 일하면서 두 아들을 낳고 행복한 생활을 꾸렸으나 오래가지 못했다. 아내와 차남을 일찍 여의고 자신은 결핵성 뇌막염을 앓다가 자신이 쓴 소설 제목처럼 꽃이 필 무렵 30대의 젊은 나이에 생을 마감했다.

이효석이 세상을 뜬 후 세 차례에 걸쳐 전집과 수백여 종에 달하는 문학 작품집이 발간되었고, 그가 쓴 작품들은 중·고등학교 국어 교과서에 실렸다.

이효석의 흔적을 따라가는 길은 소설 〈메밀꽃 필 무렵〉에서 허 생원과 동이가 드나들었던 주막인 충주집에서 시작된다. 그리고 성 서방네 처녀와 허 생원이 사랑을 나누던 물레방앗간 옆으로 나 있는 산책길을 따라 올라가면 이효석 문학관과 이어진 생가와 메밀밭이 나온다.

이효석 생가 마을은 1930년대의 소설 속 배경을 연출한 곳이다. 넓은 메밀밭이 있어 진짜 소설 속으로 들어간 기분이 든다. 지금의 이효석 생가는 지역 원로들의 고증을 바탕으로 복원하였다. 생가 마을로 가기 전에 볼 수 있는 이효석 문학관은 이효석 선생의 생애와 문학 세계를 볼 수 있는 곳으로 문학 정원, 메밀꽃 길, 오솔길, 문학 전시실 등이 있다. 특히 문학 전시실에는 이효석 선생의 유품과 초간본 책 등이 있어 그의 팬이라면 한 번쯤 가볼 만하다.

마을 구경을 마치고 돌아오는 길. 겨우 2분 정도 늦었는데 장평터미널로 향하는 시내버스는 떠나고 없었다. 그다음 버스를 타려면 한 시간은 족히 기다려야 했다. 그런데 나처럼 시내버스를 놓친 사람들이 있었다. 사람들을 모아 택시를 탔다. 덕분에 택시비를 절약할 수 있었다. 서울로 돌아오는 길에 그런 생각이 들었다. 나 홀로 여행을 하다 보니 수완도 좋아지는 모양이다.

추천 맛집

현대막국수

봉평에서 꽤 유명한 맛집이다. 식사 시간 때 가면 번호표를 들고 기다려야 먹을 수 있을 정도이다. 메뉴로는 메밀국수, 메밀묵사발, 메밀부침, 메밀전병 등이 있다. 유명한 사람들도 많이 다녀간 음식점답게 벽면에는 유명인들의 사인이 가득하다.
위치 봉평면 동이장터길 17
전화 033-335-0314

01 02 이효석 생가 **03, 04** 이효석 생가 내부

| LANDSCAPE | WALK | TRADITION | REST | MOUNTAIN | MARKET |

005

비빔밥 같은 동네 잘 비벼진 동네

전주한옥마을

전주한옥마을을 제대로 느껴보고 싶다면 마을 구석구석을 걸어서 돌아보는 것이 좋다. 마을은 아기자기하게 잘 꾸며져 있는 편이며, 무료로 구경할 수 있는 전통술 박물관, 승광재 등이 있어 여행에 색다른 즐거움을 준다.

● 　　　　　전주는 예로부터 모든 것을 제대로 갖추었다는 뜻인 '온고을'로 불렸다. 평양냉면, 개성탕반과 함께 조선 3대 음식으로 꼽힌 전주비빔밥은 여러 가지 반찬을 밥에 넣어 섞는다는 뜻인 골동반(骨董飯)으로 불렸다. 그 이름처럼 전주의 먹을거리는 하나를 만들어도 대강 하는 법 없이 재료를 제대로 갖추고 만들었다. 전주에서 먹은 전주비빔밥은 전국 어느 곳에서나 쉽게 맛볼 수 있는 전주비빔밥과는 확실히 달랐다. 버섯, 계란, 호박, 숙주나물, 시금치, 인삼, 잣, 도라지, 청포묵, 콩나물 등 신선한 재료에 전주만의 개성이라 할 수 있는 육회가 들어가 있었다.

내에 있는 대나무길. 이색적인 분위기가
의 발길을 붙잡는다.

Info.

교통 ❶ 승용차 서울(호남고속도로) → 전주나들목 → 전주 시내
방면 → 녹두길, 기린로 직진 → 리베라 호텔 → 전주한옥
마을
❷ 대중교통 전주 고속버스 터미널 앞에서 79번 버스 이용
→ 남부시장 하차

홈페이지 tour.jeonju.go.kr

01, 02 조선 시대 천주교도의 순교터에 세운 전동성당

마음이 답답할 때 성당을 찾는 사람들이 많다. 늘 깨어 기도하는 사람들은 성숙한 믿음을 통해 더욱 견고해진다.

밥도 먹고 **여행도** 하고

● 나는 거창한 계획 없이 전주비빔밥만을 먹기 위해 전주로 향했다. 그런데 전주비빔밥을 먹기 위해 찾은 곳에는 마치 잘 비벼진 비빔밥처럼 먹을거리, 볼거리 등 다채로운 즐길거리가 가득했다.

전주는 조선왕조 500년 역사를 꽃 피운 조선왕조의 발상지이자, 유네스코가 세계문화유산으로 지정한 판소리가 있는 고장이었다.

시내버스를 타고 전주한옥마을 앞에 내리면 한국 천주교회 최초의 순교 성지인 전동성당을 제일 먼저 볼 수 있다. 전동성당은 사적 제288호로 지정된 곳으로 서울 명동성당 내부 공사를 마무리했던 프와넬 신부가 설계했다. 우리나라에서 가장 아름다운 건물 중 하나로 꼽히는 곳으로 비잔틴 양식과 로마네스크 양식으로 지어졌다. 고풍스러운 전동성당을 구석구석 돌아본 후 전주비빔밥을 먹기 위해 30년 전통을 자랑하는 종로회관으로 향했다.

경기전 옆에 있는 종로회관

종로회관의 비빔밥은 알차고 정갈했다. 국내산 한우가 들어간 전통비빔밥은 반찬 하나하나에 정성이 담겨 있었고, 고명 위에 깔끔하게 올린 계란 노른자와 신선한 육회는 마치 잘 찍은 화보를 보는 듯했다. 전주에서 잘 차려진 비빔밥을 먹고 나니, 왜 비빔밥이 조선 3대 음식 중 하나이자 대한민국 대표 음식으로 외국인들이 가장 선호하는지 알 것 같았다.

비빔밥을 먹고 여유로운 마음으로 전주한옥마을은 천천히 돌아봤다.

조선왕조 500년 역사를 꽃피운 조선왕조의 발상지이자 유네스코가 세계문화유산으로 지정한 고풍스러운 도시 전주. 오목대에 올라가면 전통과 현대가 조화를 이룬 전주한옥마을을 한눈에 볼 수 있다.

경기전. 이곳에 태조 이성계의 초상화가 있다.

조선을 건국한 태조 이성계의 영정을 보관하기 위해 세운 경기전과 그 일대에는 역사 유적과 유물이 있었는데 경사스러운 터라는 뜻을 가진 곳답게 여유로움과 아름다움이 있었다. 사적 제339호로 지정된 경기전 경내에는 조선 예종 대왕의 태를 묻어 봉안하던 태실과 그것을 기념하는 비석이 있으며, 경내 뒤쪽에는 전주 이씨의 시조인 이한과 그 부인의 위폐를 모셔둔 조경묘가 있다. 전동성당 맞은편에 있는 전주한옥마을 입구로 들어오면 바로 보인다.

경기전 일대를 본 후 한옥마을이 모여 있는 골목길을 지나 전주한옥마을을 한눈에 볼 수 있는 오목대에 올랐다. 오목대는 태조 이성계가 남원 황산에서 왜적을 무찌르고 돌아가던 중 여러 종친을 불러 잔치를 베풀었던 곳이다. 경기전의 동남쪽 500m 거리에 있으며 지방 기념물 제16호이다.

한옥마을과 오래된 학교가 주는 추억

오목대

● 700여 채의 한옥이 모여 있는 전주한옥마을에는 한옥 외에도 70, 80년대의 풍경을 간직한 학곳길도 있다. 특히 전주의 한옥마을은 국내 최대의 한옥촌으로 불릴 만큼 그 규모가 상당하다. 실제로 주민이 사는 곳이 대부분이지만 한옥 체험을 할 수 있는 곳도 있고 또 들어가서 구경할 수 있는 유명한 한옥도 많다.

추천 맛집

종로회관

30년 전통을 자랑하는 음식점이다. 경기전 바로 옆에 위치해 있어 찾기도 쉽다. 메뉴로는 비빔밥, 육회비빔밥, 대구탕, 더덕구이 등이 있다.

위치 전동성당 맞은 편, 경기전 옆.
전화 063-288-4578

특히 고종황제의 손자이자 의친왕의 아들인 황손 이석이 살고 승광재는 일반인들에게도 개방했다. 구석구석 돌아보며 특별한 감동을 느껴보자. 경기전 일대에서 역사와 전통을 느낄 수 있다면, 성심여자중학교와 성심여자고등학교가 있는 골목길에서는 옛 추억을 만끽할 수 있다.

혼자 걷는 게 어색하고 혼자 밥 먹는 것이 어렵게 느껴진다면 전주한옥마을에서 그 첫걸음을 시작해 보자. 화려하거나 번잡스럽지 않은 전주한옥마을은 혼자 온 사람에게 외로움의 그늘 대신 여행의 즐거움을 선사한다.

| LANDSCAPE | WALK | TRADITION | **REST** | MOUNTAIN | MARKET |

006

쇼핑하기 좋은 골목 혼자 먹고 보고

부산 남포동

쇼핑을 할 계획이라면 먼저 남포동 파전 골목에서 식사를 가볍게 하고 여유롭게 쇼핑을 하는 게 좋다. 남포동 파전 골목에 있는 파전집들은 노점으로 되어 있어 서서 먹어야 하고 무거운 쇼핑 가방을 놓을 자리도 딱히 없다. 파전은 한두 장 먹으면 포만감이 드는데 여기에 어묵, 떡볶이를 같이 먹으면 든든한 한 끼 식사가 된다.

● 나 홀로 여행에서 가장 어려운 점을 꼽으라면 '나 홀로 식사'라 할 수 있다. 지금이야 익숙해져서 음식점에 혼자 들어가기 쉽지만, 처음에는 어색하고 힘들었다. 나뿐 아니라 우리나라 사람들은 혼자 식사하는 것을 꺼린다. 여자뿐 아니라 남자도 그렇다. 혼자라는 어색함을 감추기 위해 식당에 들어와서 나갈 때까지 휴대전화로 끊임없이 누군가와 통화를 하는 사람도 있고, 괜히 바쁜 척하는 사람도 있다. 심지어 누가 올 것처럼 음식을 많이 시키는 사람도 있다.

Info.

위치 부산시 중구 남포동
교통 승용차 ❶ 경부톨게이트 → 도시고속도로 → 부두길 → 중앙동 → 남포동
❷ 경부톨게이트 → 동래 → 서면 → 중앙동 → 남포동
대중교통 ❶ 지하철 1호선 자갈치역 7번 출구에서 도보 15분
❷ 지하철 1호선 남포동역 1번 출구에서 도보 15분

남포동 파전 골목은 나 홀로 식사에 익숙하지 않은 사람도 즐겁게 먹을 수 있는 곳이다.

남포동에 가면 골목마다 맛있는 먹을거리가 있고, 사고 싶은 물건들이 넘쳐난다. 이곳에 가면 격식을 차리거나 남의 눈치를 보지 않고 나 홀로 제대로 즐길 수 있다.

외로움의 적은 **생각**이다

● 싱글족들이 증가하면서 백화점 식당가에는 1인용 식탁을 꾸민 식당이 늘어나고 있고, 커피 전문점에도 1인용 테이블이 늘어나고 있다. 이제 나 홀로 식사는 더 이상 튀는 행동이 아니다. 오히려 혼자 밥을 못 먹는 성인들을 보면 자립심이 없어 보인다.

이처럼 싱글을 타깃으로 한 다양한 상품들이 개발되고 있음에도 여전히 혼자 밥 먹는 것을 창피해하는 사람들이 많다. 즐거운 싱글 라이프를 즐기고 싶다면 하나만 기억하자. 혼자 식사를 할 때 당당함을 유지하는 것이다. 당사자 본인이 기가 죽어 눈치를 살피며 식사를 하면 주변 사람들의 이목을 더 끌게 된다.

남포동 시장은 굳이 당당하게 다니지 않아도 된다. 시장을 찾은 다양하고, 많은 사람들이 자유를 느끼게 한다. 한국 전쟁 당시 만들어진 남포동 시장은 옛날에는 먹고 살기에 바빠서 타인에게 신경을 덜 썼고, 지금은 쇼핑하고 먹고, 구경하기에 바빠서 타인에게 신경 쓸 틈이 없다.

혼자 밥 먹는 것이 어느 정도 편해졌다면 나 홀로 여행을 떠나 보자. 부산에 있는 남포동 파전골목은 나 홀로 식사에 익숙하지 않은 사람도 즐겁게 먹을 수 있는 곳이다. 식당 안에 들어가야 하는 부담도 없고, 나 홀로 먹기에 가격적인 부담도 없고, 손님이 오면 바로 구워내서 시간 없는 나 홀로 여행객에게 인기가 좋다.

파전 한두 장을 먹으면 마치 밥 한 공기를 먹은 것처럼 포만감이 들고 맛도 뛰어나 식사 대용으로도 좋다. 일본인 관광객들은 부산에 와서 먹은 음식 중에 파전이 가장 맛있었다고 꼽을 정도로 외국인들의 입맛에도 잘 맞는다. 특히 노점에선 파전 이외에 매콤한 오징어무침, 철판에 바삭하게 구운 만두, 떡볶이, 어묵 등도 같이 판매한다. 골라 먹을 수 있는 데다 배불리 먹어도 5천 원을 넘지 않아 주머니 사정이 넉넉하지 않아도 부담 없이 먹을 수 있다.

부산 근대 역사관에 전시된 사진

파전 골목 외에도 남포동에는 다양한 먹을거리 골목이 있다. 파전 골목에서 그리 멀지 않은 곳에 있는 남포동 먹자골목은 언론에도 자주 등장할 만큼 유명하다. 아주머니들이 골목에 늘어놓고 파는 충무김밥은 서울에서 판매하는 것과 달리 부산 특유의 맛과 넉넉한 인심을 경험할 수 있다. 부드러운 당면에 간장 양념장을 뿌려 먹는 비빔당면도 남포동의 명물로 자리 잡았다. 또한 깡통시장 골목에서는 따뜻하고 달콤한 단팥죽과 시원한 단술을 판매한다. 맛과 양에 비교해 가격도 저렴해 여러모로 만족을 준다.

골목마다 맛있는 먹을거리가 있고, 골목마다 사고 싶은 물건들이 넘쳐나는 남포동은 나 홀로 여행을 제대로 즐길 수 있는 곳이다. 파전 골목에서 혼자 배를 채우고, 부산국제영화제가 열리는 광장에서 혼자 영화를 보고, 부산 지방기념물 제25호로 시계탑과 부산타워가 있는 용두산 공원에서 나 홀로 산책을 하고, 시대적 아픔과 역사를 간직한 부산문화원도 들어갔다. 그리고 패션 골목에서 나 홀로 쇼핑도 했다. 관광객들이 많아서 그런지 나 홀로 여행객에게 따로 시선을 주는 사람이 없었다.

01 부산 근대 역사관에 전시된 사진 **02** 용두산 공원에 있는 꽃시계와 부산타워 **03** 부산 근대 역사관

미국의 사업가 존 록펠러는 외로움에 대해 이렇게 말했다. "외로움의 가장 큰 문제는 자신만이 외롭다고 생각하는 것이다." 나 홀로 여행을 실행에 옮기지 못하는 사람들의 가장 큰 문제는 자신만 혼자서 다닌다고 생각하는 것이다.

현대경제연구원은 '1인 가구는 2000년 226만 가구에서 2030년 471만 가구로 늘어 전체 가구의 23.7%에 달할 것'이라고 전망했다. 이제 나 홀로 여행과 식사는 특별한 개인들만의 이야기가 아니다. 친구나 애인이 없다고 외로워하지 말고, 나 홀로 즐길 수 있는 수많은 즐거움을 찾아 떠나자.

60번집

종각집에서 국제시장 안쪽으로 걸어 들어가면 파전을 파는 곳이 모여 있다. 주변에는 식당보다는 옷가게들이 많아 젊은이들이 많이 온다. 대부분의 집이 다 맛있고 메뉴 구성도 비슷하다. 그중 60번집은 즉석에서 무쳐내는 신선한 오징어무침과 노릇노릇 구워낸 파전으로 유명하다.
위치 지하철 1호선 자갈치역 7번 출구에서 도보 10~15분

행복을 주는 마음가짐

갑돌이와 갑순이의 사랑이 이루어지지 않은 결정적인 이유는 서로 모르는 척했기 때문이란다. 인생이 괴로운 결정적인 이유도 모르는 척, 안 그런 척 하기 때문이다. 외로우면서도 안 외로운 척, 돈이 없으면서도 있는 척, 모르면서도 아는 척, 싫으면서도 좋은 척, 화가 났으면서도 안 그런 척하기 때문에 사는 게 어렵고 힘들게 느껴진다.

나는 여행지나 음식점에서 "혼자 오셨어요?"라는 질문을 받고 얼굴을 붉힌 채 선뜻 대답하지 못한 적이 많다. 왠지 혼자 왔다는 것이 잘못인양 느껴지기도 했다. 나 홀로 여행이 익숙해지고 내가 부끄러움을 느끼지 않을 때쯤 나는 이러한 질문에도 자유로워졌다.

내가 혼자 다니는 것을 인정하고 받아들이자 타인의 시선과 질문에서 해방되었다. 최근 점심시간에 대학교 구내식당을 찾았다. 밥을 먹으면서 식사를 하는 학생들을 살펴보았다. 삼삼오오 모여 수다를 떨면서 식사를 하는 학생들도 있고, 혼자 앉아서 식사하는 학생들도 있었다. 내가 대학을 다닐 때만 해도 나 홀로 식사는 몇몇 용기 있는 복학생들만 할 수 있는 행동이었는데, 지금은 그렇지 않음을 알 수 있었다. 요즘 학생들은 우리 때보다 솔직해서 그런지 우리 때보다 조금은 더 자유로워 보였다. 우리 때는 여학생이 혼자서 식사를 하는 것은 꿈도 꿀 수 없었는데 지금은 그렇지 않다.

외국에서는 혼자 밥을 먹고, 혼자 여행을 하는 것이 보편화되어 있다. 이웃 나라 일본만 보더라도 우리나라처럼 모든 직장인들이 다 같이 점심식사를 하러 나가지 않는다. 우리나라는 개인의 상황이나 취향과는 상관없이 식사는 혼자 해서는 안 된다는 것이 머릿속에 박혀 있다. 그래서 식사를 할 때면 늘 누군가를 찾는다. 그 누군가가 없을 때면 심지어 굶는 사람도 있다. 하지만 요즘 젊은이들은 어학연수와 유학으로 외국에서 생활을 많이 한 덕분인지 혼자 식사하는 것에 대해 옛날보다는 자유롭게 대처한다.

나 홀로 여행을 행복하게 즐기고 싶다면 그냥 인정하면 된다. 혼자 즐기고 싶은 것을 인정하고, 혼자 있고 싶은 것을 인정하면 그만이다. 또 생각을 바꾸면 된다. 식사는 꼭 식당에 들어가서 해야 한다는 생각을 바꾸면 된다. 샌드위치나 김밥 등으로 간단하게 해결하면 나 홀로 여행이, 나 홀로 식사가 조금은 더 자유로워진다. 조금만 더 생각하면, 작은 아이디어만 있으면 행복한 여행이 될 수 있다.

혼자 걸어도 **멋진 산길**

Part 5

계룡산 | 북한산 | 관악산 | 도봉산 | 인왕산

계룡산은 바위와 나무, 흙으로 되어 있다.
안개가 옅게 깔려 신비함이 느껴진다.

Info.

주소 충청남도 공주시 반포면 동학사1로 327-6
전화 042-825-3002
시간 09:00 ~ 17:00(3 ~ 10월) / 09:00 ~ 16:00(11 ~ 2월)
요금 성인 2,000 / 청소년 700원 / 어린이 400원

※ 계룡산 입구에서 받는 요금은 계룡산 입장료가 아니라 동학사 문화재 관람료이다. 동학사는 국가지정문화재를 보유한 사찰로서 문화재보호법 제44조에 따라 문화재 관람료를 징수하고 있다.

교통 승용차 호남고속도로 유성 나들목 → 박정자 삼거리 → 동학사 → 호남고속도로 유성 나들목 → 32번 국도 공주 방향 → 논산 방향 → 23번 국도 → 697번 지방도 → 신원사

대중교통 대전 고속버스 터미널과 대전역에서 107번 시내버스 이용 → 동학사 하차

홈페이지 gyeryong.knps.or.kr

| LANDSCAPE | WALK | TRADITION | REST | **MOUNTAIN** | MARKET |

001

위대한 자연을 만나는 / 자연생태계의 보루

계룡산

혼자서도 안전하게 산을 오르고 싶다면 도심보다 해가 빨리 지는 것을 고려해 이른 시간부터 등산해야 한다. 동학사 매표소에서 시작해 남매탑까지 갔다가 다시 올라갔던 길로 내려오면 천천히 동학사를 둘러보며 여유롭게 계룡산을 둘러볼 수 있다. 계룡산 정상까지 가는 길은 한마디로 바윗길의 연속이다. 큰 바위와 작은 돌들을 피하는 데 온 신경을 집중해서 산 전체를 보지 못하고 땅바닥만 보고 걸으면 다칠 수 있기 때문에 주의해야 한다.

● 거만한 왕 시시포스(Sisyphus)는 신을 우습게 보고 신을 두려워하지 않은 죄로 평생 바위를 굴려서 산 정상까지 올려야 하는 벌을 받게 되었다. 발에는 쇠고랑을 찬 채 힘겹게 바위를 올려놓으면 바위는 여지없이 다시 땅으로 굴러떨어졌다. 아무리 노력을 해도 다시 제자리로 돌아가야 했기에, 시시포스는 일을 한 후 보람을 느끼거나 희망을 품을 수 없었다. 같은 바윗길이지만 계룡산은 계속 올라가면 정상에 다다를 수 있다. 그래서 정상에 오르면 위대한 자연과 조우할 수 있고 보람도 느낄 수 있다.

신비한 산에 모여드는 사람들

● 　　　　계룡산은 '충남 제일의 명산', 지리산에 이어 세 번째로 '국립공원으로 지정된 산', '고대 백제를 대표하는 명산', 백두대간 중 '금남정맥(錦南正脈)의 끝 부분에 있는 산' 등으로 불리는 자연생태계의 보루이다. 또한 도인들과 무속인들이 많이 찾아서 삼신산으로도 유명하다. 계룡산을 찾았을 때 나는 내심 TV에서 보던 기인들을 볼 수 있지 않을까 하는 기대감이 있었다. 하지만, 그들은 보이지 않았다. 나중에 계룡산 관계자에게 물어보니 그 사람들은 관광객들의 눈에 띄지 않는 곳에서 각자 심신을 수양한다고 한다.

계룡산 오르는 길에는 큰 돌이 유난히 많다.

　산의 생김새가 '닭 벼슬을 쓴 용'을 닮았다고 하여 계룡산으로 불리게 된 이곳에 오를 때는 길동무가 필요하다. 주중에도 사람들이 있긴 하지만 그래도 여자 혼자 오른다면 다소 무서움을 느낄 수 있다.

　계룡산을 돌아보는 길은 비교적 간단하다. 이정표가 잘 정비되어 있어 길을 찾기도 쉽고, 등산객들이 지나다니는 길은 정해져 있어 길을 잃을 염려도 없다. 다만, 크고 작은 돌이 많아 평평한 흙길보다 걷기 어렵고 정상까지 올라가는 동안 긴장감을 유지해야 한다. 하지만 칼로리를 많이 소모하고 싶거나 투박한 자연 그대로의 환경 속에서 걷고 싶은 사람에게는 더 없이 좋은 길이다. 내려오는 길 또한 올라갔던 길을 그대로 이용하면 된다. 물론 내려오는 길은 내리막길이라 올라갈 때보다는 훨씬 수월하다.

계룡산 오르는 길에 있는 다리

남매탑: 동학사와 갑사의 중간 지점인 삼불봉 밑에 있는 탑이다.

웅덩이가 있는 바위. 계룡산 바위는 똑같이 생긴 것이 없다.

꽤 오랜 시간 동안 올라가니 남매탑이 보였다. 남매탑은 동학사와 갑사의 중간 지점인 삼불봉 밑의 옛 청량사 터에 있는 탑으로, 각각 5층과 7층 두 가지로 구성되어 있다.

남매탑에는 재미있는 전설이 있다. 통일신라 시대에 한 스님이 토굴을 파고 수도를 하고 있었는데 어느 날 호랑이 한 마리가 입을 벌리고 울부짖었다. 호랑이 입속을 보니 가시가 박혀 있었고 스님은 가시를 빼주었다. 그런데 며칠 뒤 이 호랑이가 은공을 보답하는 뜻으로 처녀를 등에 업고와 스님 앞에 놓고 갔다. 스님은 처녀를 집으로 돌려보냈으나 처녀는 스님에게 부부의 예를 갖추어 주기를 소원했다. 스님은 고심 끝에 그 처녀와 남매의 의를 맺고 비구와 비구니로 불도에 힘쓰다 한날한시에 열반에 들었다. 후에 남매의 정을 기리기 위해 탑을 건립하여 두 스님의 사리를 모셨다.

끝까지 오른 사람만이 볼 수 있는 경치

● 계룡산은 다른 명산에 비해 올라갈 때는 수려한 볼거리도 별로 없고 인내만을 요구하는 듯하지만, 묵묵히 참고 올라온 자에게 놀라운 모습을 선사한다. 산 정상에서 바라본 계룡산 주위의 풍경은 감탄을 넘어 경이롭다. 약 2,000종이 넘는 생물이 서식하는 생태계의 보고답게 계룡산의 숲은 무척이나 크고 웅장했다.

사실, 끝이 안 보이는 오르막길을 올라가는 것은 쉽지 않다. 돌로 된

길이기에 더 힘들다. 하지만, 나는 계룡산 입구에서 푸짐하게 밥을 먹은 후 출발했기 때문에 비교적 쉽게 오를 수 있었다. 누군가 산에 오를 때는 밥심이 필요하다고 했는데, 험한 산에 오르니 그 말에 공감이 갔다. 계룡산에 도착하자마자 맛집으로 소문난 음식점으로 들어갔더니 아주머니께서 생수 대신 야생 약초 15가지를 넣고 우려낸 차를 건네주셨다. 주문한 산채비빔밥 역시 맛이 정말 훌륭했다. 이 음식 때문에 다시 계룡산을 찾아야겠다는 생각이 들 정도였다. 허기진 사자에게 초원은 치열한 전투 장소지만 배부른 사자에게 초원은 평화로운 장소로 바뀌듯, 밥을 든든히 먹고 산에 오르니 한결 수월했다.

장군봉으로 오르는 길

　계룡산에서 내려오는 길, 조금은 아쉬운 마음이 들었다. 이런 산이 서울에는 없다는 것이 아쉬웠고, 자주 올 수 없다는 것도 아쉬웠다. 그래서 걷는 속도를 최대한 늦추어 걸었다. 이런저런 아쉬운 생각을 하면서 내려오는데 혼자 올라오는 사람들이 보였다. 문득 '나만 혼자가 아니구나'라는 생각이 들었다.

　내려오는 길에 마지막 코스로 동학사에 들렀다. 한적한 분위기의 동학사는 신라 성덕왕 23년(724년) 상원조사가 터를 잡고 그의 제자 회의화상이 창건한 사찰이다. 대웅전 오른쪽에는 고려의 문신 길재가 단을 쌓고 고려 태조를 비롯하여 충정왕, 공민왕의 초혼제와 정몽주의 제사를 지낸 것이 시초가 된 삼은각이라는 전각이 있었다. 백제 구이신왕 원년(420년)에 아도화상이 창건한 갑사와 백제 의자왕 11년(651년)에 고구려의 보덕화상이 창건한 신원사와 함께 계룡산의 대표적인 삼대 사찰로도 꼽힌다.

한국에서 가장 오래된 비구니 승가대학. 이곳에 오면 하늘은 모든 것을 덮어주고 산은 모든 것을 품어주는 듯하다.

동학사는 비구니 사찰이라서 그런지 건물들도 단아하고, 아기자기한 분위기를 풍긴다.

돌이 많아 오르기 힘들었던 계룡산은 사람을 침묵하게 하였고 자연 앞에 공손하게 해주었다. 나 홀로 계룡산을 다녀온 후 나는 더 강해졌다. 계룡산은 내게 강한 체력과 뭐든 해낼 수 있다는 자신감을 심어주었다.

산을 오를 때는 힘들었지만 내려올 때는 더없이 가벼웠던 계룡산은 나 홀로 여행의 모습과도 많이 닮았다. 나 홀로 여행 또한 시작할 때는 힘들게 느껴지지만, 막상 떠나고 보면 알게 될 것이다. 나 홀로 여행의 즐거움을.

추천 맛집

산야초 식당

동학사 입구에 있는 음식점이다. 계룡산 근처에 위치한 맛집으로 이름이 나 있다. 식당 안으로 들어가면 생수 대신 몸에 좋은 약초를 우려낸 차를 먼저 준다. 산채비빔밥과 황태해장국, 별미국수, 콩나물해장국을 선보이고 있는데 반찬이 정말 많이 나오는 점이 특이하다.

주소 충남 공주시 반포면 동학사로 284
전화 042-822-3307

동학사 대웅전

동학사 3층 석탑. 고려시대에 만들어진 작은 규모의 석탑

| LANDSCAPE | WALK | TRADITION | REST | MOUNTAIN | MARKET |

002

찾는 국립공원 가장 많은 사람들이

북한산

둘레길 초입에서 바라본 북한산

북한산 둘레길로 가려면 지하철 4호선 수유역 3번 출구에서 120, 153번 버스 승차 후 덕성여대에서 하차한다. 하차 후 건널목 건너 솔밭 공원 좌측 길로 직진해 보광사 방향으로 3분에서 5분 정도 올라오다 보면 둘레길 입구가 보인다. 국립 4·19민주묘지는 지하철 4호선 수유역 3번 출구에서 120, 153번 버스 승차 후 국립4·19민주묘지에서 하차한다. 국립4·19민주묘지는 연중무휴, 무료로 운영되며 입장 시간은 오전 6시에서 오후 6시이다.

● 　　　　미국 UCLA 연구팀은 외로움에 대해 놀라운 사실을 발견했다. 외로움을 잘 타는 사람들은 질병을 유발하는 특정 유전자가 많이 활성화된 반면 바이러스에 대항하고 면역항체를 만드는 유전자는 많이 저하된 것으로 나타났다. 즉, 외로움은 마음의 병에서 그치는 것이 아니라 몸에도 직접적으로 영향을 주고 외로움을 많이 타는 사람일수록 병에도 걸리기도 쉽다는 것이다. 정호승 시인은 〈수선화에게〉라는 시에서 "살아간다는 것은 외로움을 견디는 일이다."라고 말했다. 시인의 말처럼 인생에는 늘 외로움이 그림자처럼 따라다닌다.

Info.

주소 ❶ **북한산 사무소** 서울 성북구 보국문로32길 109-19
❷ **북한산 도봉 사무소** 경기도 의정부시 망월로28번길 51-97

전화 ❶ **북한산 사무소** 02-909-0497
❷ **북한산 도봉 사무소** 031-873-2791~2

시간 연중무휴

요금 무료

교통 승용차 ❶ 경부고속도로 → 한남대교 → 강변북로 분기점 → 동부간선로 → 내부순환로 → 홍제 램프 → 녹번역 → 불광역 → 구파발 삼거리 → 송추 방면 → 산성 입구 진입 → 북한산성 주차장 내 주차 → 산성 매표소까지 도보 이동(3분 소요)

❷ 호남고속도로 이용 → 논산 분기점 → 천안 분기점 → 경부고속도로 → 한남대교 → 강변북로 분기점 → 동부간선로 → 내부순환로 → 홍제 램프 → 녹번역 → 불광역 → 구파발 삼거리 → 송추 방면 → 북한산성 입구 진입 → 북한산성 주차장 내 주차 → 산성 매표소까지 도보 이동(3분 소요)

대중교통 ❶ 지하철 3호선 구파발역 1번 출구에서 704, 34번 버스 이용 → 북한산성 입구 하차

❷ 지하철 4호선 수유역 3번 출구에서 101, 120, 153, 1218번 버스 이용 → 종점 하차

홈페이지 bukhan.knps.or.kr

중성문 가는 길에서 본 북한산

외로움을 반으로
줄이는 방법

● 그 크기와 강도만 다를 뿐 누구나 외로움을 느끼며 살아간다. 그 외로움을 이겨내려면 습관부터 바꿔야 한다. 폐쇄된 공간에 있다 보면 피로감은 물론 외로움도 더 많이 느끼게 된다. 시간이 날 때마다 걸어야 한다. 누워 있는 습관, TV만 보는 습관에서 벗어나 밖으로 나와 땅을 밟는 습관을 지니면 면역력은 향상되고 외로움은 줄어든다. 나 역시, 외로움을 많이 타는 성격이었다. 그런데 신기하게도 도보 여행을 시작하면서 성격이 많이 밝아졌다. 걸으면 걸을수록 마음이 고요해지는 것을 느낄 수 있었다. 북한산 또한 그러했다.

산은 나에게 친구 이상의 대화 상대가 되어 주었고 말 없이 나의 우울한 기분을 치료해 주었다. 주말이 아닌 주중에 찾아간 북한산은 혼자 걷기에도 무난했다. 혼자 걷기에 무서움을 느끼지 않을 정도의 사람들이 있었고 또 도심과 가까워 마음도 편했다.

북한산은 단위 면적당 가장 많은 탐방객이 찾는 국립공원으로 한국 기네스북에도 올랐다. 우이령을 경계로 백운대, 만경대, 인수봉이 있는 북한산 지구와 선인봉, 자운봉이 있는 도봉산 지구로 구분되는 이곳에는 문화적 가치가 높은 사찰은 물론 유적들이 있어 등산객들에게 다양한 볼거리를 제공한다.

북한산을 처음 오르는 사람이라면 보국문 코스를 선택하는 것이 좋다. 이 코스는 정릉 탐방지원센터를 시작으로 청수계곡, 넓적바위, 보국문,

대서문. 북한산 입구를 거쳐 대서문으로 오르는 등산로

길을 보면 앞으로 펼쳐질 세상을 알 수 있듯,
소박하지만 단단하고 평화로운 느낌이 나는 노적교를 보면서
노적사의 분위기를 조금 느낄 수 있다.

노적봉. 북한산 최고의 명봉이다.

덕암사. 신라 시대에 원효대사가 창건한 사찰

대성문, 영취사를 거쳐 정릉 탐방 지원 센터에서 끝난다. 왕복 3시간에서 3시간 30분 정도가 소요된다.

혼자서 처음 산행을 한다면 북한산성 탐방지원센터에서 시작해 대서문, 중성문, 대남문을 거치는 코스가 좋다. 이 코스는 경사가 완만해서 부담 없이 즐길 수 있다.

도봉산 지구로 가면 볼 수 있는 노적봉은 마치 쌀가마니를 쌓아둔 노적가리처럼 보이는 암봉으로 북한산 최고의 명봉으로 불린다. 임진왜란 당시 노적봉의 생긴 모양을 보고 지혜를 짜내어 왜군들을 북한산에서 퇴각시킨 밥 할머니의 이야기가 전설처럼 내려오고 있고, 노적봉 아래에는 고즈넉하고 아름다운 사찰 노적사가 있다.

노적사는 1712년 팔도 도총섭이었던 성능 스님이 창건한 명승고찰이다. 원래 이름은 진국사였다. 원인을 알 수 없는 화재로 소실돼 석축만 남아 있었던 것을 1960년 무위 스님과 창암 유흥 억거사, 박금륜행, 김진공성, 불자 등이 복원하였다. 아름다운 노적봉 밑에 있어 불자는 물론 산행객들도 즐겨 찾는다.

북한산으로 올라가는 길

북한산 순례길 입구 모습

북한산의
또 다른 행복 길

● 북한산이 특별한 이유는 도심 속에 있는 자연공원이기 때문이다. 국립공원으로 지정된 북한산은 도심 속에서 보기 어려운 수려한 경치를 간직하고 있다.

나는 북한산을 천천히 올랐다. 마음에 드는 풍경이 있으면 서슴없이 발걸음을 멈추었고, 마음에 드는 곳이 보이면 코스와 상관없이 발걸음을 옮겼다. 다른 여행지는 몰라도 산을 여행할 때만큼은 계획이나 규정을 정하고 싶지 않았다. 어디까지 몇 시간 안에 올라가야 하고, 무엇 무엇은 꼭 챙겨봐야 한다는 계획도 세우지 않았다. 그런 계획을 세우게 되면 산을 걷는 것이 쉽이 아닌 경쟁이나 노동으로 다가올 것 같았기 때문이다.

산을 오르는 것이 부담스럽다면 둘레길만 걸어도 좋다. 북한산 둘레길은 '역사 문화 그리고 자연과 인간이 살아 숨 쉬는 자연스럽고 편안한 길'이라는 콘셉트 아래 샛길을 연결하고 다듬어서 북한산 자락을 완만하게 걸을 수 있도록 조성한 수평 산책로이다.

둘레길 중 독립 운동가 이시영 선생, 신익희 선생, 김병로 선생, 서상일 선생, 이준 열사 묘소가 있어 '순례길'이라는 이름이 붙여진 코스도 가 볼 만하다. 솔밭공원 입구부터 보광사를 지나 통일연수원까지 이어지는 구간으로 총 길이는 3.4km이다. 솔밭공원 입구에서 통일 교육원까지는 도보로 1시간 정도가 걸리는데, 주변은 자연으로 잘 둘러싸여 있어 맑은 공기를 마시며 산책을 즐길 수 있다.

북한산 둘레길(순례길)을 걷다 보면 국립4·19민주묘지를 볼 수 있다. 국립4·19민주묘지는 우리나라 헌정 사상 최초로 자유민주주의를 수호하기 위하여 불의에 항거하다 희생된 선열들의 혼이 살아 숨 쉬는 곳이다.

나무가 아름다운 것은 늘 그 자리에 있기 때문이라고 한다. 산 또한 마찬가지다. 늘 그 자리에 있기에 아름답다. 1,300여 종의 동식물이 서식하고 있고, 연평균 500만 명에 이르는 사람들이 찾는 북한산 또한 늘 그 자리에 있기에 아름답고, 사람에게 위안을 줄 수 있는 것 같다.

산은 우리가 꼭꼭 숨기며 살아가는 외로움과 상처를 건드리지 않고 조용히 치료해준다. 이 세상에 만병통치약이 있다면 바로 산이 아닐까.

추천 맛집

북한산 입구 음식점
버스에서 내려 북한산 쪽으로 걸어오다 보면 음식점이 많이 보인다. 김밥, 떡, 라면 등을 판매하는 음식점도 많다. 편의점도 있다. 북한산 안에는 음식점이 하나도 없으니 배가 고프다면 이곳에서 해결하는 것이 좋다.

흙을 밟으며 걸을 수 있는 북한산 둘레길

국립4·19민주묘지.

| LANDSCAPE | WALK | TRADITION | REST | MOUNTAIN | MARKET |

003

도심 속 쉼터 즐겨 찾는 도시인들이

관악산

관악산이 다른 산에 비해 북적이는 이유는 길이 좁기 때문이다. 호수공원을 지나면 좁은 길을 어느 정도 걸어야 한다. 한 사람이 지나다니기에는 좁은 길이 아니지만 워낙 많은 사람들이 지나다니다 보니 좁게 느껴진다. 천천히 걷고 싶다면 뒷사람을 위해 한쪽으로 걷고, 빨리 걸을 수 없다면 뒷사람에게 길을 양보하자.

● 런던의 한 의사가 '짜증'은 결핵이나 암보다 더 무서운 병이라고 발표한 적이 있다. 랠프 쇼크만 또한 우리를 진정으로 살아 있게 하는 것은 짜증을 제거하는 것, 활력을 증가시키는 것 그리고 즐겁게 사는 것이라고 했다. 그렇다면 짜증은 무엇일까. 국어사전을 찾아보면 짜증은 마음에 꼭 맞지 아니하여 역정을 내는 짓 또는 그런 성미라고 말한다. 나 홀로 여행을 다니면 이 짜증을 낼 일이 적다. 길을 잃어도, 날씨가 안 좋아도 모든 것은 내가 책임져야 하기 때문이다.

Info.

주소 서울 관악구 신림9동,경기도 과천시,안양시
전화 02-880-3684, 3692
시간 연중무휴
요금 무료
교통 승용차 서울대입구역 → 서울대 → 관악산 주차장
대중교통 ❶ 지하철 2호선 서울대입구역 3번 출구에서 서울대행 버스(501, 5512, 5515, 750번) 이용 → 서울대학교 앞 하차
❷ 지하철 2호선 신림역 3번 출구에서 서울대행 버스(5516, 5528, 6513, 6514번) 이용 → 서울대학교 앞 하차
홈페이지 bukhan.knps.or.kr

무너미 고개 정상에서 바라본 관악산

사람들로 **붐비는** 산

혼자 여행하는 사람에게 타인의 시선만큼 부담스러운 것은 바로 인적이 드문 곳이다. 주말이 아닌 주중에 관악산행을 선택했을 때도 바로 이 점을 가장 걱정했었다. 그런데 예상 밖으로 주중에도 관악산은 입구부터 사람들로 붐볐다. 주말에 오지 않길 잘했다는 생각이 들었다.

관악산에서 나는 쉼보다는 경쟁의식을 느꼈다. 관악산에서 느리게 걷는 것은 민폐였다. 뒤에서 빠르게 걸어오는 사람들은 앞사람이 천천히 걸으면 앞차를 추월하듯 앞질러 걸어갔다. 관악산이 도심 한가운데에 있어서 도시인들이 많이 찾아와서인지, 사람들이 많아서인지 관악산을 찾은 사람들은 경쟁하듯이 빠르게 길었다. 다른 사람들을 배려하지 않고 오로지 정상을 향해 열심히, 빠르게 걸어가는 그들의 뒷모습을 보니 왠지 모를 착잡함을 느꼈다. 성공, 정상, 최고, 일 등을 외치며 살아가다 보니 산에 와서도 그 습관을 쉽게 버리지 못하는 것 같았다. 관악산 입구에서 조금만 걸어가면 만날 수 있는 작은 호수공원에서도 마찬가지였다. 조용히 호수를 감상하는 이들은 많지 않았다.

관악산 정상까지 오르는 데는 많은 시간이 걸리지 않는다. 관악산을 찾은 많은 사람이 보고 싶어 하는 연주대는 죽순이 솟아오른 것 같은 모양을 한 기암절벽 위에 석축을 쌓고 자리 잡은 암자이다. 조선 태종이 셋째 왕자 충녕 대군을 태자로 책봉하려 하자 첫째 양녕과 둘째 효

호수공원 주변 산책로

무너미 고개정상 바위로 이루어져 있는데 나 홀로 여행 중 쉬어가기 좋다.

호수공원을 지나면 다리가 나온다. 이 다리를 지나면 연주대와 무너미 고개로 들어가는
길을 만날 수 있다.

무너미 고개에서 바라본 기상관측소. 정상 쪽으로 올라가면 절벽 위에 석축을 쌓아 터를
마련하고 지은 연주대와 기상관측소 등을 볼 수 있다.

령 대군이 궁을 나와 이 연주대에서 왕궁을 바라보며 왕좌를 그리워했다는 이야기가 전해지고 있다.

산행 후 *커피숍*에서 여유를 찾다

● 짧은 산행을 마친 후 나는 서울대학교로 들어가 미술관, 박물관은 물론 캠퍼스 곳곳을 누볐다. 서울대 구내식당에서 식사도 하고 서울대가 자랑하는 무지개 연못 '자하연'에서 커피도 한 잔 마셨다.

서울대학교는 북한산으로 치면 둘레길 같은 역할을 한다. 관악산이 뿜어내는 공기를 마시며 가볍게 산책을 하고 싶다면 서울대를 한 바퀴 도는 것도 괜찮다. 노천강당 주변은 잔디로 펼쳐져 있어 걷기에도 좋고 캠퍼스 곳곳에는 벤치들이 많아 앉아서 음악을 듣거나 책을 읽기에도 좋다.

쫓기듯 산을 오른 후 그런 생각이 들었다. 우리는 속도와 성공이 비례한다고 생각하는 건 아닌지……. 물론 속도는 성공을 가져다줄 수 있지만, 행복까지 가져다주는 것은 아니다. 우리나라 사람들은 병적일 정도로 '빨리빨리'를 외치며 살아간다. 빨리 성공하고 빨리 부자가 되기 위해 쉬지 않고 뛰다 보니 자연스럽게 조급증이 생기고 이 조급증은 여러 가지 스트레스와 병을 불러온다. '빨리빨리'는 행복을 부르는 소리가 아니라 병을 재촉하는 소리다. 인간 관계는 물론 인생 자체도 느리고 길게 봐야 섣부른 판단을 하지 않는다.

추천 맛집

관악산 회관
관악산으로 들어가는 입구에 식당과 매점이 몰려 있다. 커피를 판매하는 곳도 많다. 관악산 회관에서는 보리밥, 산채비빔밥, 돌솥비빔밥 등을 판매하고 있다. 지하 1층에도 음식점이 있는데 꽤 먹을 만하다. 관악산 안에는 음식점과 매점이 없으니 입구에서 식사한 후 출발하는 것이 좋다.

위치 서울대 정문 옆 관악산 입구 2층 식당
전화 02-878-0943

"진정한 여행은 새로운 풍경을 보는 것이 아니라 새로운 시야를 갖는 것이다."라고 말한 프랑스 소설가 마르셀 프루스트의 말처럼 산행의 목적 또한 정상 정복에만 두면 많은 것을 놓치게 된다. 바람 소리도, 새 소리도, 땅이 주는 기운도, 머리를 비울 시간도 가져 보자.

선인봉. 북한산의 인수봉과 함께 한국 암벽 등반에 쌍벽을 이루는 암봉

Info.

주소 서울시 도봉구와 경기도 의정부시 호원동, 양주시 장흥면에 걸쳐 있다.
전화 ❶ 북한산국립공원 도봉 사무소 031-873-2791, 2
❷ 북한산국립공원 도봉 분소 02-954-2566
❸ 북한산성 분소 02-357-9698
시간 연중무휴
요금 무료
교통 승용차 ❶ **서울 방향** 동부간선도로 3번 국도 → 도봉역 방면으로 좌회전 → 노원교에서 도봉산역 방면으로 우회전 → 도봉산 입구 삼거리에서 좌회전 → 도봉산
❷ **의정부 방향** 망월사역 → 서부순환로 → 도봉산역에서 도봉산 방면으로 우회전
대중교통 지하철 1, 7호선 도봉산역 하차, 1번 출구 방향
홈페이지 tour.dobong.go.kr

| LANDSCAPE | GALLERY | WALK | FOOD | MOUNTAIN | MARKET |

004

나 홀로 걷기 좋은 산길

도봉산

도봉산은 암벽 등반으로도 유명한 산이다. 하지만 혼자 산에 올랐다면 암벽 등반은 하지 않는 것이 좋다. 나 홀로 산행은 위험 요소가 혼재하므로, 최대한 안전한 코스로 가는 것이 좋다.

● 나 홀로 여행을 다니다 보니 '여행 중독'이라는 병에 걸렸다. 정확히 말하면 '걷기 중독'이다. 예전에는 가까운 곳도 걷기 싫어 택시를 이용했지만, 지금은 웬만한 거리는 일부러라도 걷는다. 개그맨들이 드라마에 출연하고 나면 '탤런트 병'이 생긴다고 하는데 나는 여행을 하면서 걷기 병에 걸렸다. 여행 경로를 살피기 위해 자주 걸어 다녔더니 걷는 게 습관이 됐다. 다행히 걷기 병은 나에게 많은 선물을 안겨주었다. 살이 빠지고, 몸도 건강해졌다.

혼자 걷기에
좋은 산

●   도봉산은 걷기 좋은 산이다. 무엇보다 혼자 걷기에 무난한 산이다. 그리고 대한민국 최초로 세계 최고봉인 히말라야 8,000m 14좌를 세계에서 8번째로 등정한 산악인 엄홍길을 키워낸 산이기도 하다. 서울의 도봉구, 경기도 의정부시, 양주시 등에 걸쳐 있는 탓에 도심에 사는 이들이 많이 오르고 있어 혼자 걸어도 무섭지가 않다.

나 홀로 산행의 가장 좋은 점은 여유가 넘친다는 것이다. 둘 혹은 여럿이 산에 오르면 다른 사람의 행동이나 말에 신경을 쓰게 마련이다. 그런데 나 홀로 산행에서는 동행하는 사람이 없기에 산을 오르면서 주변 자연에 더 눈길이 간다.

여성이 나 홀로 도봉산에 왔다면 천축사까지 가는 코스를 권한다. 이 코스는 정상을 향한 부담감과 육체적인 부담감을 덜어준다. 그렇다고 이 코스를 편안한 산책길로 생각하면 오산이다. 돌로 된 오르막길로 되어 있어 산에 온 기분은 제대로 느낄 수 있다. 그리고 아무 생각 없이 오르는 것보다 주변을 살피면서 걸으면 재미있는 볼거리를 많이 발견할 수 있다.

도봉산 오르는 길. 돌로 잘 단장되어 있다.

도봉산의 맛집으로 소문난 콩사랑에서 식사를 한 후 몇 분 더 올라가니 '도봉동문(道峰洞門)'이라 쓰인 바위가 제일 먼저 나를 반겼다. 이 글씨는 이곳이 도봉산임을 알려주는 이정표 역할을 하는데 바위에 새겨진 글씨는 우암 송시열 선생의 친필이다. 도봉산 계곡에 있는 바위들을 유심히

도봉산 초입길은 평평하게 닦여 있어 나 홀로 걷기에 편하다.

01 풍은부원군 조만영 딸이 기도를 했던 곳 02 도봉산에 있는 계곡 03 산에 오르는 길에 있는 벤치 04 도봉동문. 새겨진 글씨는 우암 송시열 선생의 친필이다. 05 도봉산 계곡에 있는 글씨가 새겨져 있는 바위

살펴보면 글씨가 새겨져 있다. 1700년(숙종 26년)에 곡운 김수증이 쓴 '높은 산처럼 우러러 사모한다'라는 뜻을 가진 고산앙지를 비롯하여 이곳에 있는 많은 글귀를 통해 옛사람들의 마음을 엿볼 수 있다.

땅의 기운을 밟을 수 있는 곳

● 정상을 향해 올라가는 길에 만장봉 동쪽 기슭에 있는 천축사에 들렀다. 이 사찰은 신라 673년(문무왕 13년)에 의상대사가 의상대에서 수도할 때 제자들을 시켜 암자를 짓게 한데서 출발했다. 천축사라는 이름은 고려 때 인도 승려 지공이 나옹화상에게 이곳의 경관이 천축국의 영축산과 비슷하다고 한데서 유래되었다. 조선 시대에 대조 이성계가 이곳에서 백일기도했던 것을 기억하기 위해 낡은 절을 고쳐서 다시 짓고, 천축사라는 이름을 내렸다고 한다. 주변 경관이 아름다워 불자들은 물론 등산객들도 즐겨 찾고 있다.

태조 이성계가 밧줄도 없이 올랐다는 만장봉, 북한산의 인수봉과 함께 한국 암벽 등반에 쌍벽을 이루고 있는 선인봉도 놓치지 말자. 선인봉은 경사가 가팔라 가까이서 보면 두려움이 들지만 사람들은 도전을 멈추지 않았다.

대부분의 산이 그렇듯 도봉산 또한 내려가는 길은 훨씬 수월했다. 그런데 내가 내려가는 시간에 산에 올라오는 이들도 많이 보였다. 혼자만의 착각인지는 몰라도 그들의 얼굴은 좀 어두워 보였다. "날이 어두워지기 전에

추천 맛집

우리술상

도봉산 입구에 위치한 맛집이다. 비빔밥, 국수, 순대, 묵무침 등 다양한 메뉴를 선보이고 있다. 시설이 깨끗하여 여유롭게 식사를 즐길 수 있다. 인테리어가 멋진 것도 특징이다. 야외에도 테이블이 마련되어 있어 날씨가 좋은 날에는 밖에서 먹어도 괜찮다. 술은 국순당 쌀막걸리, 백세주, 우국생들을 판매하고 있다.

천축사. 의상 대사가 창건한 천년 고찰

는 내려와야 할 텐데 어디까지 올라갈까?"라고 고민하고 있는 것 같았다.

 도봉산은 주말은 물론 주중에도 많은 사람이 찾고 있었다. 혼자 온 나를 따뜻하게 챙겨주는 사람들 덕분에 마음까지 후덕해졌다.

 선한 사람은 마음에 쌓은 선에서 선을 내고 악한 사람은 그 쌓은 악에서 악을 낸다는 말이 있듯, 산에서 땅의 기운을 밟고 좋은 공기로 마음을 씻어낸 사람들의 행동과 말에는 아름다움이 배어 나온다.

| LANDSCAPE | WALK | TRADITION | REST | MOUNTAIN | MARKET |

서울의 명산

수려한 경치를 지닌

인왕산

인왕산을 혼자서 오르고 싶다면 서울 종로구 청운동의 자하문 근처에서 출발하는 코스가 좋다. 이 코스에는 윤동주 시인의 언덕도 있어 길 초입부터 즐겁다. 오르막이지만 길이 잘 닦여 있어 걷기에도 좋다.

● 　　　　산과 시장에는 혼자 다니는 사람들이 많다. 산과 시장에서 마주친 사람들은 타인의 시선에 신경을 쓰지 않았다. 특히 나 홀로 산을 찾은 이들의 관심사는 타인의 시선이 아니라 자신이 걸어가고 있는 길이었다. 혼자 산을 오르려면 강해야 하고 독립적이어야 한다. 스스로 길을 정해야 하고 자신의 상태를 점검해야 한다. 또 그 와중에 경치도 구경해야 한다. 이렇게 바쁘기 때문에 외로움 따위는 느낄 새도 없다.

　인왕산을 찾았을 때도 마찬가지였다. 나는 언제나처럼 나 홀로 산행을 하는 사람을 보았다.

Info.

주소 서울 서대문구의 홍제동과 종로구 무악동, 누상동, 옥인동, 부암동에 걸쳐 있다.
전화 종로구청 공원녹지과 02-731-0395
시간 10:00 ~ 17:00 | 월요일, 공휴일 출입 제한
요금 무료
교통 승용차 서울 종로구 세종로 국립민속박물관을 끼고 우회전 → 청와대 옆으로 난 창의문 길로 접어들면 청운중학교 → 최규식 경무관 동상
대중교통 ❶ 지하철 3호선 독립문역 2번 출구에서 국사당 쪽으로 이동
❷ 지하철 3호선 경복궁역 3번 출구에서 0212, 1020번 버스 타고 자하문 고개 하차

* 자하문 고개 앞에 하차한 후 건널목을 건너면 인왕산으로 들어가는 길이 보인다.
* 주차 공간이 거의 없으니 승용차보다는 대중교통을 이용하는 것이 좋다.

시인의 언덕길. 길을 따라 올라가면 윤동주 시인의 언덕을 볼 수 있다.

그런데 여느 때와는 달랐다. 나도 그녀도 누가 먼저랄 것도 없이 서로에게 신경을 썼다. 나는 모르는 사람에겐 웬만해선 말을 잘 걸지 않지만, 이날은 내가 먼저 말을 건넸다.

친구가 되고 싶다면 먼저 말을 건네라

국사당. 목멱대왕에게 제사를 지내던 곳이다.

● 인왕산으로 가는 방법은 여러 가지다. 이 중 혼자 걷기에 무난한 코스는 자하문 고개에서 출발하는 코스다. 여기서 혼자 걷기에 무난하다는 말에는 산세의 가파름은 물론 안전 문제도 포함된다. 인왕산에 처음 왔다면 독립공원 맞은 편 코스로 가자. 이 코스는 국사당 코스로도 불린다. 중요민속자료 제28호인 국사당은 무속신앙으로 조선 시대에는 목멱신사로 불렸다. 원래는 남산팔각정 자리에 있었으나, 일제 강점기 때 일본 사람들이 조선신국을 지으면서 1925년 지금 위치로 옮겨졌다. 이 장소를 택한 것은 태조 이성계와 무학대사가 기도하던 자리이기 때문이다.

요즘에도 내림굿, 치병굿 등의 굿판이 벌어지고 있으며 주변에는 선바위를 비롯하여 여러 암자가 있는데 이날은 굿이 행해지지 않아, 적막감이 그 자리를 채우고 있었다. 조용한데다가 사람도 없어 산행을 망설이고 있었는데 다행히 길동무를 만나게 되었다.

나 홀로 여행이 외롭지 않고 무섭지 않은 이유는 바로 이런 길동무를

01, 03 서울 주위를 둘러싸고 있는 조선 시대의 도성

02, 04 선바위에서 바라본 인왕산의 모습

인왕산에 오르면 서울을 한눈에 감상할 수 있다.

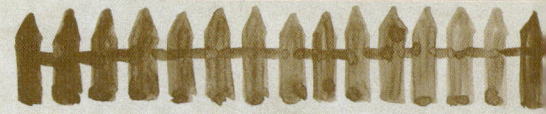

만날 수 있기 때문이다. 조심스럽게 산에 올라가고 있는데 그녀가 뒤따라왔다. 내심 그녀의 등장이 반가웠다. 그래서 그녀의 속도에 맞추어 걸었다. 보아하니 그녀 또한 나와 비슷한 마음을 가지고 있는 것 같았다. 그런데 그녀가 도중에 막다른 길로 가는 것이었다. 나는 그 길이 어떤 길인지 알고 있었기에 그쪽으로 가면 길이 없다고 알려주었고, 그때부터 우리는 서로 대화를 나누며 걷게 되었다. 인왕산에서 만난 길동무의 직업은 헤어디자이너이고 휴무일이라 산책 겸 혼자서 왔다고 했다. 그녀는 국사당 코스는 처음인데 나를 만나게 되어서 다행이라고 했다.

소원을 들어준다는 전설의 바위

● 국시당 코스에서 빼놓을 수 없는 게 바로 선바위다. 서울시 민속자료 제4호로도 지정된 이 바위는 아이 갖기를 원하는 부인들이 기도를 많이 드리는 곳으로도 유명하다. 스님이 장삼을 입고 있는 것처럼 보인다고 해서 태조 이성계와 무학대사의 상이라는 설화와 태조 이성계 부부의 상이라는 설화의 근원지이기도하다. 또한 신비하게 생긴 탓에 많은 설화가 전해지는데, 한양 도성을 쌓을 때 무학대사는 선바위를 도성 안에 둘 수 있게 설계하려 했고 정도전은 성 밖에 두도록 설계하려 했다고 한다.

국사당 바로 위에 있는 선바위에 올라서니 노숙자로 보이는 40대가량의 아저씨가 혼을 다해, 진심으로 기도를 하고 있었다. 그의 몸에서

선바위는 아이 갖기를 원하는 여성들이 기도를 많이 하여 '기자암'으로도 불린다. 모양도 독특하지만, 바위에 모여 있는 많은 새들 때문에 가까이서 보면 더 신비롭게 보인다.

어찌나 절박한 간절함이 배어 나오던지 나는 선바위에서 나의 소원을 말하지 않고 그 아저씨의 소원이 이루어지기를 바라며 내려왔다.

예로부터 호랑이가 많이 살았다고 전해지는 인왕산은 경치 또한 뛰어나 산수화의 소재가 되곤 하였다. 조선 후기 화가인 겸재 정선이 그린 〈인왕제색도〉는 인왕산의 경치가 잘 표현되어 있다. 겸재 정선은 인왕산 곳곳을 자신의 화폭에 담았다. 그만큼 인왕산을 사랑했고, 또 사랑했기에 이곳에서 오래 살았다.

인왕산은 경치만 뛰어난 것이 아니다. 우리나라 역사를 품고 있는 산이라고 해도 과언이 아닐 만큼 많은 것을 간직하고 있다. 사적 제10호인 서울 성곽과 제121호인 서울 사직단, 중요민속자료 제28호인 국사당, 서울시 지정 민속자료 제4호인 선바위 등의 문화재는 인왕산을 평범한 산이 아닌 특별한 산으로 만들어 놓고 있다.

나 홀로 여행은 강해지는 법을 배우는 과정이다. 길동무에게 먼저 말을 건네는 것도, 식당에서 혼자 밥을 먹는 것도 모두 그 과정의 하나이다. 나 홀로 해내야 하는 것들이 갈수록 늘어나는 오늘날 이런 과정은 삶을 견뎌내는 데 많은 도움을 주고 사람을 외롭지 않게 한다.

추천 맛집

인왕산 근처 맛집

사직공원 옆 사직파출소 맞은편에 있는 사직분식과 통인시장 내에 위치한 곽가네를 추천한다. 특히 곽가네는 사찰 전문 음식으로 된장찌개, 김치찌개를 판매한다. 화학조미료를 전혀 쓰지 않고 천연조미료만 쓰고 있어 건강에도 좋다. 반찬과 과일 등은 뷔페식으로 되어 있어 원하는 만큼 마음껏 먹을 수 있다.

위치 지하철 3호선 경복궁역, 2번 출구에서 도보 8분
주소 서울 종로구 필운대로6길 8
휴무 1, 2주 일요일
전화 02-735-3268

TRAVEL STORY

내가 정한 나 홀로 여행 규칙

나 홀로 여행을 하면서 나름대로 규칙을 정했다. 규칙은 자칫 나태해질 수 있고, 나약해질 수 있는 나 홀로 여행에 큰 도움을 주었다.

고개 들고 다니기

커플을 만나거나 단체 여행객들을 만날 때, 나도 모르게 고개가 숙여지곤 했다. 풀이 죽어서가 아니었다. 그들의 시선을 받고 싶지 않아서였다. 하지만, 고개를 숙일수록 진짜 풀이 죽었다. 사소한 습관은 감정에까지 영향을 미친다. 지금은 일부러라도 당당하게 고개를 들고 다닌다. 고개 숙인 벼는 겸손해 보이지만 고개 숙인 사람은 나약해 보인다는 것을 알기 때문이다.

당당하고 맛있게 먹기

무슨 급한 일 있는 사람처럼 빨리 먹고, 누가 볼 새라 빨리 먹고, 다른 사람이 뺏어 먹는 것도 아닌데 음식에만 집중했다. 처음 나 홀로 여행을 할 때 나는 뭐든 이렇게 급하게 먹었다. 하지만, 이젠 여유 있게 음식을 즐기며 먹는다. 식당에서 혼자 식사하는 어른보다, 식당에 혼자서는 못 가는 어른이 더 이상하다고 생각하기 때문이다.

느릿느릿 걸어 다니기

나는 걸음이 빠른 편이다. 걸음만 빠른 게 아니라 성격도 급하다. 처음 나 홀로 여행을 할 때 나는 마치 경보 선수처럼 걸어 다녔다. 그런데 나 홀로 여행이 계속될수록 나는 느리게 걷는 법을 배우게 되었다. 느리게 걸을수록 마음이 편안해지고 행복해지는 것을 알게 되었다. 다른 사람의 보폭에 신경을 쓰지 않아도 되는 나 홀로 여행에서 느리게 걷는 것은 하나의 특권이다.

친절한 사람 되기

혼자 다니다 보면 타인의 도움을 받을 일이 많기 때문에 자연스럽게 친절해진다. 개인의 취향을 떠나 친절과 상냥한 태도는 하나의 생존법이다. 적어도 나 홀로 여행에서는 그렇다. 내가 상냥한 표정으로 대할 때 남들도 내게 친절하게 대한다. 친구도 동료도 없이 혼자 다녀야 하는 길에서 '친절 마인드'는 여행을 즐겁고 아름답게 한다.

예쁜 소품 하나가 길을 아름답게 만들 듯, 인생도 칭찬, 긍정, 열정, 용기 같은 예쁜 소품들이 있을 때 더 아름다워지는 것 같다.

혼자 가도 재미있는 **재래시장**

Part 6

부산 자갈치시장 | 서울 남대문시장 | 속초 중앙시장 | 수원 팔달문시장

| FOREIGN | GALLERY | WALK | FOOD | REST | MARKET |

001

외국인들에게도
인기 있는 **재래시장**

부산 자갈치시장

부산 자갈치시장은 365일 물과 생선 그리고 사람들로 북적이기 때문에 시장 내에는 조용히 앉아서 쉴 곳이 없다. 시장을 구경하다 쉬고 싶다면 '자갈치시장'이라고 써 있는 건물로 가자. 하늘공원이라고 불리는 옥상에 가면 부산 앞바다를 한눈에 볼 수 있고, 횟집이 많은 1층으로 가면 신선한 회를 먹으면서 여유를 즐길 수 있다.

● 　　　　　부산의 자갈치시장은 단순한 재래시장을 넘어 부산의 지역색을 느낄 수 있는 대표적인 관광지다. 외국인 관광객들도 부산에 가면 자갈치시장부터 들른다. 그래서 이곳 상인들은 외국인의 겉모습만 보고도 그들이 어느 나라에서 왔는지 알아낸다. 일본인들은 주로 깃발을 들고 있는 가이드를 따라 줄지어 다니거나 또래들끼리 삼삼오오 짝을 지어 다닌다. 중국인들은 가족들끼리 다니는 경우가 많으며 유럽인이나 미국인들은 가이드와 동행하는 경우가 드물고 혼자 다니는 사람들이 대부분이다.

01 영도대교. 다리 밑으로 배들이 오간다. **02** 영도대교에서 바라본 영도다리 밑. 오래된 점집들도 있다. **03** 건어물 도매시장. 영화 〈친구〉가 촬영된 곳이다.

자갈치시장
한류 붐을 타다

● 　　　　　부산 자갈치시장은 원래도 유명했지만, 영화와 드라마에 자주 등장한 후로 지금은 더 유명해졌다. 곽경택 감독 영화 〈친구〉의 배경으로 나온 '친구 거리'는 장동건, 유오성, 정운택, 서태화가 교복을 입고 달린 장소로 잘 알려졌다. 소규모 건어물 상점들이 친구 거리를 이루고 있는데, 신선한 건어물을 저렴한 가격에 판매하고 있다. 영도대교 바로 옆에 있으며 지하철 1호선 남포동역 2번, 4번, 6번 출구로 나오면 바로 만날 수 있다. 이 친구 거리의 등장은 젊은층까지 자갈치시장으로 불러들이는 계기가 되었다. 옛날에는 건어물을 사기 위한 사람들만 찾았으나 영화 상영 이후엔 사진을 찍거나 여행을 온 사람들까지 찾고 있다.

　친구 거리 바로 옆에 있는 영도대교도 자갈치시장을 유명하게 만드는 데 일조했다. 부산광역시 중구와 영도구를 연결하는 다리는 1934년 3월에 준공되었다. 이산의 아픔과 실향의 역사가 담겨 있는 곳으로 옛날에는 실향민들이 찾아와 가족을 기다리며 눈물을 흘렸다. 영도대교에 올라서면 시원한 바다와 남포동을 한눈에 볼 수 있다. 다리 밑으로 오가는 배도 보인다. 영도대교에 기대어 서서 바다를 구경하는 이들도 많았다. 나도 그 사람들 틈에 끼어 바다도 보고, 다리 밑으로 오가는 배도 보면서 한참을 서 있었다.

　바다에서 불어오는 바람은 꽤 거칠고 세다. 문득 부산 사람들의 목소리가 타 지방 사람들보다 큰 이유가 자주 불어닥치는 거친 바람 때문인 것 같은 생각이 들었다. 옛날 실향민들은 바다 바람이 거칠게 부는 영도대교에서 가족들의 이름이 바람 소리에 묻혀 들리지 않을까봐 더 힘껏 부르고 더 크게 울었을 것이다.

영도대교는 지하철 1호선 남포동역 6번 출구로 나오면 바로 보인다. 주변에는 '굳세어라 금순아'를 부른 가수 현인의 노래비도 있고, 부산항의 상징이자 영화 속 배경으로 많이 등장한 부산대교도 있다.

먹는 재미, 보는 재미가 있는 시장

자갈치시장에 가면 펄떡이는 해산물들이 가득하다.

● 　　　　　부산 자갈치시장은 대한민국에서 가장 큰 어패류 시장답게 바다에서 갓 잡아올린 신선한 해산물이 가득하다. 이곳에 오면 물건을 고르는 재미, 먹는 재미 등 다양한 즐거움을 느낄 수 있고 이를 통해 삶의 활력을 느낄 수 있다. 그중 가장 큰 활력은 자갈치시장 아주머니들의 역동적이고 적극적인 자세다. 물건을 파는 상인들도 많고, 관광객도 많고, 손님들도 많은 탓에 자갈치시장 아지매들은 늘 활기차다.

사람들이 많은 곳이니만큼 물건을 보거나 고르는 것 또한 신속하고 정확해야 한다. 그리고 식사할 식당 또한 미리 정해 놓고 돌아보는 것이 좋다. 시장을 걷다 보면 부산 아지매들의 적극적인 홍보에 이끌려 계획에 없던 물건을 사거나 음식을 먹게 되는 경우도 자주 있기 때문이다.

01, 02 자갈치시장은 우리나라 최대 규모의 어시장으로 바다에서 갓 잡아 올린 신선한 해산물이 가득하다. 다채로운 볼거리가 있고 역동적인 삶의 에너지를 체험할 수 있어서 외국인들에게도 인기가 많은 관광 코스이다.

01 부산 자갈치시장의 상징인 자갈치아지매 동상 **02** 대한민국 대표 수산물 시장답게 자갈치시장에는 혼자서도 마음 편하게 먹을 수 있는 먹을거리들이 많다. **03** 만선의 부푼 꿈을 안고 출항하는 어선

추천 맛집

제일횟집

부산 자갈치시장에서 꽤 유명한 맛집으로 일본인 관광객들도 소문을 듣고 많이 찾아온다. 연예인들도 많이 다녀갔다. 생선구이 정식이 특히 맛있다. 신동아수산물종합시장 뒤에 위치해 있어 찾기는 어렵지 않다. 제일횟집 부근에는 생선구이 정식을 선보이는 음식점이 꽤 많다.

위치 지하철 1호선 자갈치역 6번 출구에서 도보 5분
전화 051-246-6442

자갈치시장의 성장 원동력은 빠른 속도와 노동이지만 사회생활에서 느끼는 것과는 다르다. 빠르게 돌아가는 치열한 삶의 현장이지만, 자갈치 아지매들의 넉넉한 인심과 구수한 입심이 있다. 그래서 이곳을 찾은 많은 관광객들은 자갈치시장을 포근한 삶의 현장으로 기억한다.

나는 시장에 도착해 생선구이를 먹고 친구 거리를 거닐었다. 영도대교에서 사진을 찍고, 자갈치시장 광장에서 이름 모를 길거리 밴드가 연주하는 노래도 감상했다.

자갈치시장에서의 여행을 통해 나는 값진 선물을 받았다. 부산 앞바다에서 부는 바닷바람을 맞으며 걱정거리를 잊었고, 자갈치시장에서 맛본 구수한 음식을 먹으며 든든하고 충만한 삶의 기운을 느꼈다.

세계 최고의 경영인으로 꼽히는 잭 웰치는 인생에 대해 이렇게 말했다. "인생은 경주가 아니라 그 길의 한 걸음 한 걸음을 음미하는 여행이다. 어제는 역사이고, 내일은 알 수 없는 미스터리이며, 그리고 오늘은 선물이다. 그렇기에 우리는 현재를 선물이라고 말한다."

그의 주장처럼 비록 인생은 반복과 노동으로 이루어질 수밖에 없지만, 마음에는 선물을 안고 살아가야 한다. 그래야 인생이 행복해진다.

002

전통 종합 시장 한국을 대표하는

남대문시장

E동 수입상가에서 판매하는 소품

처음 남대문 시장에 온 사람들은 거대한 규모와 어마어마한 인파에 압도당한다. 하지만, 겁먹을 필요는 없다. 물건의 특징별로 구간이 나뉘어 있어, 따라 걸으면 구석구석 알차게 구경할 수 있다. 또 판매하는 품목별로 상가들이 모여 있어 편하게 쇼핑을 즐길 수 있다. 여느 재래시장들과 달리 남대문시장은 휴무일이 있으니 시장으로 향하기 전 미리 요일을 확인하는 것이 좋다.

● "인생은 초콜릿 상자에 있는 초콜릿과 같다. 어떤 초콜릿을 선택하느냐에 따라 맛이 달라지듯이 우리의 인생도 어떤 선택을 하느냐에 따라 결과가 달라질 수 있다." 영화 〈포레스트 검프〉에 나오는 대사이다. 나 홀로 여행은 매일매일 새로운 초콜릿을 고르는 느낌이 든다. 언제, 어디로 가느냐에 따라 그 맛이 다르다. 하지만 공통적인 맛이 있는데 그것은 달콤함이다. 떠나기 전에는 설렘과 두려움이 교차하지만 막상 떠나 보면 초콜릿의 쓴맛보다는 달콤함만 남는다.

Info.

주소 서울 중구 남대문시장4길
전화 대표전화 02-752-1973, 2805 / 대도 꽃 종합 상가 02-755-9513 / 남대문 꽃 도매 상가 02-777-1709 / E동 수입 상가 / 도깨비 수입 상가 02-753-0343 / 대도 종합 지하 상가 02-319-3686 / C동 지하 상가 02-753-8694 / 남도 수입 상가 02-755-7962
시간 매주 일요일 휴무
교통 승용차 서울역 → 청파로, 칠패길 → 퇴계로 → 남대문시장
대중교통 지하철 4호선 회현역 5, 6, 7번 출구에서 도보 1분
홈페이지 www.namdaemunmarket.co.kr

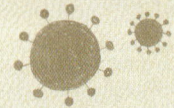

01 남대문시장에서 판매하는 액세서리 02 대도 종합 지하 상가에서 판매하는 꽃 03 도깨비 시장에서 판매하는 구두

혼자 가도 어색하지 않은 여행지

대도 종합 지하 상가에서 판매하는 조화와 수입 상가에서 판매하는 액세서리

● 나 홀로 여행이 부담된다면 시장에 가보자. 시장에는 혼자 다니는 사람들이 많기 때문에 혼자 가도 뻘쭘하지 않고, 타인의 취향을 신경 쓰지 않고 오로지 개인의 취향에만 집중할 수 있다.

서울 숭례문 일대에 있는 남대문시장의 시초는 조선 태종 14년(1414년), 국가가 가게를 지어 상인들에게 빌려주면서 시작됐다. 점차 발전하던 시장은 6·25한국전쟁 때 거의 폐허가 되기도 했지만 다시 빠르게 살아났다. 하지만, 남대문시장의 위기는 여기서 끝나지 않았다. 이후 IMF 시기에 또 한 번의 위기를 맞았지만, 상인들은 저렴한 가격, 다양한 물건 등 남대문시장 특유의 장점을 내세워 시장을 살려냈다.

남대문시장은 동대문시장과 함께 서울의 대표적인 시장으로 꼽히지만, 동대문 시장과는 색깔이 다르다. 동대문 시장이 의류 중심의 시장이라면 남대문시장은 한 마디로 없는 게 없는 종합 시장이다. 7,000여 개의 상점들은 다양한 연령대를 겨냥하고 있다. 그래서 동대문 시장에 가면 주로 젊은층들이 많지만 남대문시장에는 남녀노소가 다 있다. 남대문시장은 워낙 넓어서 원하는 물건을 사려면 건물의 위치를 미리 알아두고 가야 한다.

대도 꽃 종합 상가와 남대문 꽃 도매상가에 가면 생화와 조화는 물론 꽃과 관련된 인테리어 소품을 살 수 있다. 각국에서 수입한 다양한 수입품을 사고 싶으면 E동 수입 상가, 도깨비 수입 상가, 대도 종합 지하 상가,

C동 지하 상가, 남도 수입 상가를 찾으면 된다.

또한 남대문시장은 토속적인 먹을거리가 많기로도 유명하다. 1번 게이트 쪽에는 갈치조림 골목이 있고 6번 게이트 쪽에는 칼국수, 보리밥, 냉면 등을 판매하는 칼국수 골목이 있다.

오후 10시경부터 새벽 2시경까지는 전국의 소매상들로 붐비고, 낮에는 관광객들과 일반 손님들로 붐빈다. 도소매 시장이다 보니 오후 5시에서 6시경에 문을 닫는 상점들도 많다.

하루 평균 50만 명이 찾는 시장답게 시장은 꽤 넓다. 시장을 제대로 구경하고 싶다면 발길 닿는 대로 들어가서 시장 곳곳을 누비자.

강남 부유층들도 찾는 시장

신세계 백화점 옥상공원 산책길

● 서울이 수복된 후 미군의 군용·원조 물자를 중심으로 활기를 되찾은 시장답게 남대문시장에는 수입품이 많다. 수입품은 의류를 비롯하여 가전제품, 가구, 액세서리, 식품, 그릇에 이르기까지 그 종류도 다양하다. 특히 남창동 건물 E동 지하 1층에 있는 도깨비 수입 상가의 액세서리는 강남 부유층들도 즐겨 찾을 정도로 유명하다.

남대문시장을 쇼핑하다 다리가 아프다면 신세계 백화점 옥상 공원으로 가자. 신세계백화점 옥상 공원은 예쁜 분수와 아늑한 벤치 등이 잘 갖추어져 있고, 서울 시내가 한눈에 보일 만큼 전망도 좋다. 옥상 공

신세계백화점 옥상공원에서 볼 수 있는 작품

> **추천 맛집**
>
>
>
> **갈치 골목**
>
> 남대문시장은 갈치 골목으로도 유명하다. 갈치 골목에 있는 동해식당에선 갈치조림, 두부조림, 삼치구이, 김치찌개, 돌솥비빔밥 등을 선보이고 있다. 점심시간에 가면 인근 직장인들 탓에 너무 북적이는 편이니 혼자 조용히 식사를 즐기고 싶다면 식사 시간대를 피해서 가는 것이 좋다. 칼국수 골목 또한 혼자 식사를 즐기기에 무난하다. 칼국수 골목에서는 칼국수와 냉면, 수제비, 잔치국수을 선보이고 있다. 냉면을 주문하면 칼국수를, 칼국수를 주면하면 냉면을 서비스로 준다.
>
> **위치** 남대문시장 1번 출구에서 도보 3분.
> **전화** 02-773-2497

원이 있는 11층에는 푸드가든이 있어 식사하기에도 좋다. 아메리칸 스타일의 중국 음식을 선보이는 차우편, 베트남 특유의 향이 어우러진 쌀국수를 파는 포타이, 스타벅스 등이 있다.

인도 속담에 "마음이 평화로우면 어느 마을에 가서도 축제처럼 즐거운 일들을 발견할 수 있다."라는 말이 있다. 나 홀로 여행은 마음 먹기에 따라 외로워질 수도 있고, 그 반대가 될 수 있다. 초콜릿을 고르는 기분으로 나 홀로 여행을 다녔고, 그 덕에 순간순간을 축제처럼 즐길 수 있었다.

갯배. 여배우 송혜교가 드라마 〈가을동화〉를 찍으면서 탔다.

Info.

주소 강원도 속초시 중앙로147번길 16
전화 033-633-3501
교통 승용차 ❶ 서울 → 팔당 → 양평(6번 도로) → 홍천(44번 도로) → 인제(56번 도로) → 원통 → 미시령 → 속초
❷ 서울 → 호법 분기점(영동고속도로) → 원주 → 대관령 → 강릉 → 속초
❸ 서울 → 춘천 → 속초
대중교통 동서울 터미널에서 속초행 고속버스(금강고속버스)를 타면 속초까지 2시간 30분 소요
※ 속초 고속버스 터미널에서 속초 중앙시장까지는 도보로 15분 정도 소요 된다. 버스를 이용하고 싶다면 1-1, 7-1, 9-1번 버스를 타면 된다.

003

아름다운 마을 멋스러운 항구 와

속초 중앙시장

속초 중앙시장은 도보로 즐길 수 있는 코스이다. 속초 버스 터미널과 속초 중앙시장, 갯배 선착장은 가까운 곳에 모여 있다. 도보로 이동해도 무난한 거리이니 굳이 택시나 버스를 이용하지 않아도 된다.

● "앞에 놓인 삶을 향해 미소 지어 보라. 미소의 절반은 당신 얼굴에 나타난다. 나머지 절반은 친구들 얼굴에 나타난다."라는 티베트 격언처럼 행복하게 살고 싶다면 내가 먼저 변해야 한다. 살아 있음을 느끼고 싶을 때 사람들이 많이 가는 곳이 바로 시장이다. 사람 냄새나는 곳, 사람 사는 정이 있는 곳……. 그래서 찾아간 속초 중앙시장에는 활기찬 바이러스가 넘쳤다. 물건을 판매하는 상인들의 열정이 시장에 활기를 불어넣었다.

행복한 바이러스를
파는 시장

● 　　　　　　　속초고속버스터미널에 내려 15분쯤 걸어가니 속초 중앙시장이 보였다. 속초 중앙시장은 속초시외버스터미널과 아바이마을 사이에 있다. 영북 지역 최대의 '관광 수산 시장'이라는 타이틀에 맞게 그 규모가 상당히 컸고, 재래시장과 종합 시장이 함께 있어서 볼거리도 많고 즐길거리도 많았다.

속초 중앙시장에 도착하자마자 입소문만 듣고 찾아간 동해 순댓국 집에서 순댓국으로 허기를 달랬다. 속초 중앙시장은 시장 구경도 구경이지만 바로 옆에 내가 좋아하는 송혜교, 송승헌 주연의 드라마 <가을동화> 촬영지가 있어 더 가슴이 뛰었다. 송혜교가 탑승하여 그림 같은 장면을 연출했던 갯배는 200원만 내면 탈 수 있다. 아바이마을과 속초 시내를 연결하는 배로 실향민의 상징이며, 아바이마을 사람이라면 이 갯배에 대한 추억을 하나쯤 가지고 있다.

갯배는 끝과 끝이 연결된 밧줄을 잡아당겨야 배가 움직이는데 당겨주는 사람이 없으면 손님이 직접 밧줄을 잡아당겨야 한다. 5분 정도 줄을 잡아당기면 도착할 정도로 중앙동과 청호동은 매우 가깝다. 요금소는 청호동에만 있으니 중앙동에서 출발할 때 요금은 청호동에 도착한 후 내면 된다.

아바이마을의 풍경

속초항

동해에 떠 있는 배들은 장식용이 아니라 삶의 동반자다.
그래서 그런지 배에는 사람의 땀이 배어 있는 듯하다.

01 갯배. 대한민국 유일의 무동력선(無動力船)이다. 02 아바이마을. 소박하고 정겨운 집들이 모여 있다. 03 드라마 〈가을동화〉 촬영지. 간단한 먹을거리를 판매한다. 04 〈가을동화〉 촬영 시 극중 송혜교의 집.

활기찬 에너지가 넘치는 곳

● 갯배를 타고 드라마 〈가을동화〉의 촬영지로 유명한 아바이마을로 갔다. 드라마 주인공인 '은서'를 추억하게 하는 간판과 슈퍼마켓 등이 있어 드라마 마니아들이 많이 온다. 한류 열풍의 영향으로 중국인 관광객들도 많이 보였는데, 아바이마을 관광을 마친 수십 명의 중국인 관광객들이 갯배를 타기 위해 기다리고 있었다.

아바이마을은 6·25한국전쟁 당시 국군을 따라 남쪽으로 내려왔다가 고향으로 돌아가지 못한 피난민들이 정착해 만든 동네이다. 현재 주민의 60%가 함경도 출신이며, '아바이'라는 말은 할아버지라는 뜻의 함경도 방언이다. 현재 행정 명칭은 청호동이지만 아직도 아바이마을로 부르는 사람들이 많다.

실향민 문화촌과 로데오 거리

● 이왕 온 김에 아바이마을의 구석구석을 구경하고 싶어져고, 실향민 문화촌으로 향했다. 속초 중앙시장과 아바이마을을 본 후 실향민 문화촌으로 가려면 버스를 타야 했다. 3, 3-1번 버스를 타면 갈 수 있는데 2천 원의 입장료만 내면 실향민 문화촌은 물론 옆에 있는 속초 시립박물관과 발해 역사관도 같이 구경할 수 있다. 실향민

문화촌은 이북 5도 가옥을 비롯하여 실향민들이 아바이마을을 형성했을 당시의 모습을 재현해 놓았다. 실향민 문화촌 바로 옆에 있는 속초시립박물관으로 옮겨 속초의 역사와 문화를 본 후, 다시 속초 중앙시장으로 왔다. 속초 중앙시장 주변에는 드라마의 배경이 된 유명한 마을도 있고, 현대식으로 꾸민 로데오 쇼핑 거리도 있어 관광과 쇼핑을 동시에 즐길 수 있다.

　속초에서의 여행은 종합 선물 세트 같은 느낌이었다. 시장 구경, 마을 구경, 역사 구경, 갯배 체험 등을 한 번에 할 수 있어 혼자서도 즐거운 시간을 보낼 수 있었다.

　외로움 바이러스에 감염되었다면 활기찬 에너지를 받아 면역력을 키워야 한다. 속초 중앙시장은 그런 에너지를 충분히 가진 최고의 나 홀로 여행지다.

추천 맛집

동해 순대국

원조 동해 순대국집은 나 홀로 식사를 하기에 안성맞춤인 곳이다. 음식 맛이 깔끔하고 양도 푸짐한 편이다. 속초 중앙시장 내에서 워낙 유명한 식당이라 찾기도 쉽다. 소머리국밥, 순대국밥, 돼지 내장국밥 등을 선보이고 있다. 곁들여 나오는 새우젓과 다진 양념을 넣으면 얼큰한 맛이 더해진다.

위치 강원도 속초시 중앙로129번길 35-17(속초중앙시장 내)
전화 033-633-1012

01, 02 당시 생활상이 전시된 실향민문화촌 03 실향민 문화촌에 있는 속초 역사관 04, 05 청호동 골목

Info.

주소 경기도 수원시 팔달구
전화 031-228-4675
교통 **승용차** 사당역 → 관문 사거리 → 과천 의왕고속도로 → 지지대 고개 → 수원종합운동장 → 장안문 → 수원 화성행궁 → 팔달문
대중교통 수원역에서 장안문, 팔달문 방면. 시내버스 이용 팔달문 하차

| FOREIGN | GALLERY | WALK | FOOD | REST | **MARKET** |

004

역사 체험 따라 걷는 전통 건축물을

수원 팔달문시장

지동시장. 수원 화성을 한 바퀴 돌면 바로 볼 수 있다.

수원 팔달문시장 바로 옆에는 1997년 유네스코 세계문화유산으로 등록된 수원화성이 있다. 화성행궁에서 출발해 팔달문시장까지 걸으면 3시간 정도 걸린다. 걷는 게 부담된다면 매일 운행되는 화성 열차를 이용하자. 열차 운행 시간은 오전 10시부터 오후 5시 50분까지이며, 요금은 어른 1,500원, 청소년 1,100원, 어린이 700원이다.

● 　　　　　일본 작가 나카타니 아키히로는 대학 4년간을 혼자 지냈다고 고백했다. 친구라 부를 수 있는 이가 없었고 말도 거의 하지 않았는데 그는 이것을 자신의 인생에서 행운이라고 말했다. 자신의 저서 〈20대에 하지 않으면 안 될 50가지〉에서도 혼자만의 시간을 따로 두라고 강조했다. 고독에 빠지는 것은 성인이 되기 위한 통과의례이고 마음의 고립을 위해 독방에 갇히면 삶이 더 넓어진다고 말했다. 혼자만의 시간을 잘 견뎌 내는 사람은 어떤 환경에도 잘 적응한다. 누군가에게 의지하려는 순간 사람은 상처를 받게 된다.

혼자 오래 걸을 수 있는 곳

● 러시아 소설가 톨스토이는 죽기 전에 방랑 생활을 하며 혼자만의 시간을 보냈다. "사람은 다른 사람의 영향을 받기 쉽다. 그러므로 오직 혼자 있을 때 완전히 자유롭다."라고 말할 정도였다.

수원 팔달문시장은 독방과도 같은 곳이다. 바로 옆에 있는 수원화성이 독방 역할을 한다. 수원화성은 조선왕조 제22대 정조대왕이 당쟁에 휘말려 왕위에 오르지 못하고 뒤주 속에서 홀로 생을 마감한 아버지 사도세자의 능을 조선 최대의 명당인 수원 화산으로 옮기면서 축성되었다. 1963년 사적 3호로 지정되었으며, 1997년 유네스코 세계문화유산으로 등록되었다.

수원화성에 도착해 순댓국밥으로 허기를 채우고 바로 수원화성에 올랐다. 가볍게 산책 후 시장을 구경하려고 했지만, 수원화성은 가볍게 산책할 수 있는 수준의 거리가 아니었다. 그래서 수원화성을 제대로 돌아보기로 했다.

수원화성에 오르기 전 화성행궁에 먼저 들렀다. 화성행궁은 정조 대왕이 먼 여행 시 임시 거처했던 곳으로 평상시에는 관아로 활용되었다. 조선 시대 최대 규모의 행궁으로 총 44동 576칸으로 구성되어 있다. 서울 경복궁 다음의 부궁이라 할 정도로 다른 지방의 행궁보다 그 규모 면에서 단연 뛰어나고 웅장하게 건축됐다. 일제 강점기에 훼손되었으나 1996년 화성 축성 200주년을 맞아 복원 사업이 전개되었다.

정문에서 바라본 화성행궁

신풍루, 화성행궁의 정문

서장대에서 바라본 화성행궁. 왕이 궁궐을 벗어나 머물렀던 곳 중 가장 규모가 크고 아름다웠던 곳으로 뽑힌다.

수원화성. 동양 성곽의 백미로 꼽힌다.

수원화성은 팔달구와 장안구에 걸쳐 있다. 둘레는 5.7km(미복원 포함), 면적은 약 40만 평이다. 규모와 기능에 따라 51개의 시설물이 축조되었으며 주요 시설 23개소에는 한국 고유의 누각을 설치하였다. 18세기 동양의 성곽을 대표하는 한국 전통 건축의 완성품으로도 불린다. 수원화성의 서쪽 문인 보물 제403호로 지정된 화서문은 지붕이 팔작지붕으로 되어 있어 우아한 멋을 풍겼다.

거리를 모르고 걷기 시작한 나는 중간에 다시 돌아올 수 없었다. 화성열차를 탈 수 있었지만, 그것도 포기했다. 돌아서 가기엔 너무 많이 걸어온 터라 끝까지 걸어 완주의 기쁨을 누리고 싶었다.

수원화성. 안쪽 길은 흙을 밟으며 걸을 수 있다.

꿈속에서나 볼 수 있는 호수

● 반쯤 걸었을까, 사적 제3호로 지정된 북암문에서 나는 평생 기억에 남을 놀라운 풍경을 목격했다. 북암문 안으로 들어가니 가뭄이 들면 기우제를 지낸 용연이라는 아름다운 호수가 보였다. 이곳에서 관광객들은 그림을 그리기도 하고, 용연 주변을 감싸고 있는 자연에 취해 앉아 쉬기도 하면서 꿈속에서나 누릴 법한 여유를 느끼고 있는 듯 평화로워보였다. 사막 속의 오아시스 같은 역할을 하는 용연에서 나도 잠시 휴식을 취한 후 다시 걸었다.

수원 팔달문시장에서 출발한 코스는 수원 팔달문시장에서 끝이 났다.

02 화서문. 수원화성 4대문 중 서쪽 대문으로 낮보다 밤이 더 아름답다. 어두워지면 켜지는 주변 조명은 화서문에 찬란한 색을 입힌다.

01 산책길. 화성행궁 옆에 있는 길로, 위로 올라가면 수원화성을 만날 수 있다. 화성열차 승차장도 있다.

북암문을 통과하면 바로 보이는 연못. 수원화성은 생각 없이 걸을 수 있어 좋았다.
그리고 오래 걸을 수 있어 좋았다. 길을 따라 걷다 보면 머리도 비워지고, 몸도 가벼워졌다.

총 3시간이 걸렸고 체중은 3kg이나 빠졌다. 세 시간 동안 걸은 터라 좀 지친 상태였지만 시장 구경을 놓칠 수 없었다.

시장에 도착해서 밥을 먹은 후 한참을 또 걸어야 했다. 시장이 생각했던 것보다 컸다. 팔달문 옆에는 영동시장, 팔달문시장, 지동시장이 모여 있었다. 지동시장에는 순대 거리, 축산물 거리, 잡화 거리, 농수산물 거리가 있고, 영동시장에는 포목 거리가, 팔달문시장에는 의류 거리, 가방 거리, 신발 거리 등이 주를 이뤘다. 오랜 역사 때문인지 현대적인 상가와 재래시장이 복합적으로 구성되어 있었다. 팔달문 시장이 있는 팔달문 주변은 수원의 최대 번화가로도 불린다. 다양한 상품은 다양한 연령대를 불러들이고 있었다.

수원 여행은 처음부터 마지막까지 다양한 볼거리를 제공해서 심심할 틈이 없다. 철저히 혼자가 되고 싶다면 다채로운 매력이 있는 수원 팔달문 시장을 찾아 수원화성을 안주해 보자.

추천 맛집

지동시장
수원화성 바로 옆에 있는 지동시장에는 순대국밥을 판매하는 음식점이 유난히 많다. 순대국밥집만 모여 있는 순대타운도 있다. 수원 지동에서 선보이는 순대국밥은 맛과 양이 대체로 훌륭한 편이다.

이번 여행을 통해 러시아의 대문호 톨스토이가 말한 혼자만의 시간은 방안에 틀어박혀 있는 생활이 아니라 혼자 길을 걸어가는 여정임을 느꼈다.

팔달문 시장에서 판매하는 옷과 가방

TRAVEL STORY

나 홀로 여행을 위한 간단한 메모

나 홀로 여행을 꿈꾸는 사람들을 위한 한마디. 혼자 여행을 떠나는 것은 외톨이가 되는 여정이 아니다. 나를 찾는 여정이고, 당신을 이해하는 여정이다.

일 탓에 3년 정도 나 홀로 여행을 하면서 한 번쯤은 혼자서 여행을 떠나봐야 함을 깨달았다. 혼자 식당에 못 들어가는 사람, 타인의 의견에 귀를 기울이지 않는 사람, 계획을 세우는 데 미흡한 사람, 겁이 많은 사람은 반드시 나 홀로 떠날 것을 권한다. 나 홀로 여행을 하면 부끄러워하는 마음이 사라지고, 나를 강하게 하여 인생에 대한 다양한 시각을 가질 수 있다.

나 홀로 여행 중 느낄 수 있는 감정
1. 외롭다
2. 심심하다
3. 어차피 누구나 혼자야
4. 이 순간을 즐기자
5. '쿨'해지자

나 홀로 여행의 후유증
1. 또 혼자 떠나고 싶어진다
2. 식당에 혼자 가서 잘 먹는다
3. 혼자서도 잘 웃는다
4. 부끄러움을 안 탄다
5. 타인에게 의지하지 않는다

나 홀로 여행에 도움 되는 것
1. MP3
2. 가벼운 책

나 홀로 여행 시 도움 되는 말
1. 이딴 건 아무것도 아니다
2. 인생은 나그네길

수원화성. 성을 따라 걷는 길은 아름답다. 조용하고 깨끗한데다 볼거리 또한 많아 혼자 걸어도 아늑하다.

■ 세상에서 가장 즐거운 일은 여행을 떠나는 것이다.
그리고 나는 혼자 떠나는 여행을 좋아한다.
나 홀로 여행은 혼자 있든 여럿이 있든 어떤 상황에서든
웃으며 즐길 수 있고, 서로를 배려하는 넉넉한 마음을
갖게 한다.